Marburger Schriften
zur Lehrerbildung

Marburger Schriften zur Lehrerbildung

Herausgegeben von
Prof. Dr. Lothar A. Beck und Dr. Ulrich Vogel
im Auftrag des
Zentrums für Lehrerbildung
der Philipps-Universität Marburg

Band 14

Enseigner le Québec et les écologies canadiennes

Schulprojekt des Marburger Zentrums für Kanada-Studien

von

Martin Kuester,
Claire Köhling und
Natascha Vonderschmitt

Tectum Verlag

Martin Kuester, Claire Köhling und Natascha Vonderschmitt
Enseigner le Québec et les écologies canadiennes.
Schulprojekt des Marburger Zentrums für Kanada-Studien
Marburger Schriften zur Lehrerbildung; Band 14

ISBN: 978-3-8288-4322-6
ISSN: 1868-2839
E-Book: 978-3-8288-7263-9

Umschlaggestaltung: Tectum Verlag, unter Verwendung des Bildes
491887138 von Vlad G | shuttestock.com

Druck und Bindung: Docupoint, Barleben
Printed in Germany

Besuchen Sie uns im Internet
www.tectum-verlag.de

Bibliografische Informationen der Deutschen Nationalbibliothek
Die Deutsche Nationalbibliothek verzeichnet diese Publikation in der Deutschen Nationalbibliografie; detaillierte bibliografische Angaben sind im Internet über http://dnb.d-nb.de abrufbar.

Inhaltsverzeichnis

1 Einleitung

Der Plan zu den Publikationen mit dem Titel *Enseigner les écologies canadiennes* bzw. *Teaching Canadian Ecologies* entstammt dem Projekt zur Neuausrichtung der Aktivitäten des Marburger Zentrums für Kanada-Studien, das als Institution seit 2001 besteht, jedoch eine schon Jahrzehnte alte Marburger Tradition der Beschäftigung mit kanadischen Themen fortsetzt. Diese findet ihren Ausdruck vor allem auch in der einzigartigen Kanada-Sammlung der Universitätsbibliothek der Philipps-Universität, die weit über Marburg und Hessen hinaus von Bedeutung ist und Forscher und Forscherinnen anzieht. Die Neuausrichtung der Zentrumsarbeit geht zum einen in die Richtung der Ökologie bzw. der Ökologien in einem etwas weiter gefassten Sinn, der zum Beispiel auch die Medienökologie umfasst. Aus dieser Thematik entstand die internationale und interdisziplinäre Ringvorlesung zum Thema kanadische Ökologien, die im Sommersemester 2016 durchgeführt wurde (https://www.uni-marburg.de/mzks/bilder/ringvorlesung2016) und zu der 2018 auch ein Sammelband erscheinen wird.

Ein zweites Gebiet, auf das sich das Marburger Zentrum in den letzten Jahren spezialisiert hat, ist die Zusammenarbeit mit Schulen und die Aufbereitung kanadistischer Themen für den Schulunterricht. Diese Kooperation erwuchs zum einen aus dem Interesse an Lehrerfortbildungen, nachdem Kanada für einige Jahre zum Referenzland im hessischen Zentralabitur Englisch für das Land Hessen gewählt wurde. So fanden vor allem unter Mitwirkung von Marburger Kanadistinnen und Kanadisten erfolgreiche Fortbildungsveranstaltungen in Zusammenarbeit mit der Hessischen Landeszentrale für Politische Bildung und dem Pädagogischen Zentrum der Bistümer im Lande Hessen statt. Auch durch die Initiative von engagierten Lehrern und Lehrerinnen an mehreren Schulen in Marburg und der Region, insbesondere dem Grimmelshausen Gymnasium und den Beruflichen Schulen Gelnhausen, kamen gewinnbringende Kooperationen zustande.

Als weiterer bedeutender Schritt erwies sich die Öffnung der traditionellen Marburger Canadian Studies Days für Lehrerinnen, Lehrer, Schülerinnen und Schüler nicht nur als Besucher, sondern auch als aktive Teilnehmer und Vortragende. Ein Höhepunkt dieser Zusammenarbeit war die internationale Tagung *Teaching Canada – Enseigner le Canada* im Jahre 2015, deren *Proceedings* (mit mehreren Beiträgen von Lehrerinnen und Lehrern und herausgegeben von Martin Kuester, Claire Köhling, Sylvia Langwald und Albert Rau) im Frühjahr 2017 in der Reihe Studies in Anglophone Literatures and Cultures im Wißner Verlag Augsburg erschienen.

Im Rahmen der Ökologie-Ringvorlesung, die auch von Lehrern und Lehrerinnen rege besucht wurde, entstand die Idee, einige der ökologischen Themen für den Schulunterricht in den Fächern Englisch und Französisch aufzubereiten. In einem durch universitäre QSL-Mittel unterstützten Projekt erarbeiteten zehn motivierte

Marburger Lehramtsstudierende Unterrichtsmodelle, die sie dann mit Unterstützung von Lehrerinnen und Lehrern an fünf verschiedenen Schulen in die Praxis umsetzten. Diese Modelle stellen wir in den beiden Bänden vor und hoffen, dass sie auch für andere Schulen anregend und ermutigend wirken.

Ein besonderer Dank geht an die Lehrerinnen und Lehrer, die das Projekt so aktiv und positiv aufgenommen und unterstützt haben: am Grimmelshausen Gymnasium Gelnhausen Herr Dr. Matthias Dickert (Englisch), an den Beruflichen Schulen Gelnhausen Frau Elisabeth Battenberg (Englisch) und Frau Irmgard Herget (Englisch), am Landschulheim Steinmühle Marburg Frau Ulrike Wilmsmeyer (Französisch), an der Elisabethschule Marburg Frau Friederike Lepetit (Englisch) und an der Martin-Luther-Schule Marburg Frau Carola Flammer (Französisch) und Frau Inge Vestweber (Französisch).

Mein besonderer Dank für Betreuung und Organisation gilt Frau Natascha Vonderschmitt, ohne deren Enthusiasmus und Sorgfalt wir das Projekt nicht hätten durchführen können. Herzlichen Dank auch noch einmal an die hochmotivierten Studierenden, die ebenso motivierten Lehrer und Lehrerinnen sowie auch an das Marburger Zentrum für Lehrerbildung, das die beiden Bände in die Reihe der Marburger Schriften zur Lehrerbildung aufgenommen hat. Dank gebührt auch Frau Carolin Acker und Herrn Johannes Altmann für unermüdliche Formatierungs- und Redaktionsarbeiten.

Weitere ergänzende Materialien zu den Unterrichtskonzepten erscheinen auf der Ilias-Website des Zentrums für Lehrerbildung unter **https://ilias.online.uni-marburg.de/ (Struktur: Öffentliche Angebote der Fachbereiche und Zentren – Zentrum für Lehrerbildung Marburg – Schulprojekt kanadische Ökologien).**

Wir haben uns bemüht, die Urheber der benutzten Texte und Grafiken zu kontaktieren. Dies ist aber nicht immer gelungen. Für Hinweise in dieser Hinsicht sind wir dankbar.

Marburg, im Februar 2018

Martin Kuester, Geschäftsführender Direktor des Marburger Zentrums für Kanada-Studien

2 Unterrichtskonzepte: Enseigner les écologies canadiennes

2.1 Le Québec et les sables bitumineux de l'Alberta

11. – 13. Klasse Gymnasium (Niveau B1-B2)

Dauer: 90 Minuten

von Clio Freya Falk

2.1.1 Die Lerngruppe und Rahmenbedingungen

Die Doppelstunde, die ich im Folgenden beschreiben werde, wurde konzipiert für eine 11. Klasse an einem Marburger Gymnasium mit 26 SchülerInnen. Sowohl ein Whiteboard als auch eine kleine Tafel waren vorhanden. Letztere wurde genutzt, um Zeitangaben für die Gruppenarbeit sowie unbekannte Begriffe anzuschreiben.

2.1.2 Einführung in die thematische Materie

Mit seinen auf 171 000 000 000 Barrels geschätzten Rohölvorkommen (vgl. CIA) ist Kanada eines der Länder mit den größten Ölvorkommen: Nach Saudi-Arabien und Venezuela lagern dort die drittgrößten Ölreserven weltweit (vgl. CIA). Im Jahr 2015 wurden laut Statistiken der kanadischen Regierung im Schnitt monatlich 852 662 Barrel Rohöl abgebaut (vgl. NEB, "Estimated Production of Canadian Crude Oil and Equivalent"). Hauptabnehmer der kanadischen Erdölexporte sind die USA: 2013 ließ Kanada seinem Nachbarn 71% seiner Erdölexporte zukommen (vgl. NEB, "Crude Oil and Petroleum Products"). Im Januar 2016 erreichten die kanadischen Erdölexporte in die Vereinigten Staaten einen neuen Rekordwert: 3,4 Millionen Barrels wurden in der ersten Januarwoche pro Tag über die Grenze transportiert (vgl. Hussain). Ein Großteil des kanadischen Erdöls wird durch den Ölsandabbau in der Provinz Alberta gewonnen: Im Jahr 2014 wurden dort täglich 2,3 Millionen Barrel Ölsand gewonnen und Alberta Energy gedenkt, die Produktion bis 2024 auf täglich 4 Millionen Barrel zu erhöhen (vgl. Alberta Energy).

Die Ölsandreserven Albertas gehören zu den sogenannten unkonventionellen Erdölreserven, die für die Ölindustrie aufgrund der Verknappung konventioneller Ölreserven zunehmend an Bedeutung gewinnen (vgl. Gordon). Bei unkonventionellen Erdölen handelt es sich um Ölvorkommen, die sich aufgrund ihrer erhöhten Dichte schwerer abbauen lassen als konventionelle Erdölvorkommen:

> Unconventional oils tend to be heavy, complex, carbon laden, and locked up deep in the earth, tightly trapped between or bound to sand, tar, and rock. Unconventional oils are nature's own carbon-capture and storage device, so when they are tapped, we risk breaking open this natural carbon-fixing system. Generally speaking: the heavier the oil, the larger the expected carbon footprint. (Gordon 1)

Das Erdöl, das in Alberta abgebaut wird, liegt als zähes, klebriges Gemisch in Sand und Ton vor und muss mit großem Energieaufwand und maschinellem Aufwand aus dem Gemisch herausgelöst werden (vgl. Resenhoeft). Sofern sich die Ölsandvorkommen in weniger als 75 Metern unter der Erdoberfläche befinden, wird mittels riesiger Bagger und Radlader die komplette Deckschicht abgetragen und der Ölsand abgebaut (vgl. PEIS). Bei Ölsandvorkommen, die sich in mehr als 75 Metern Tiefe befinden, werden große Mengen an Wasserdampf in den Boden gepumpt, um das Bitumen an die Oberfläche zu pumpen (vgl. PEIS). Der Umweltjournalist Robert Kunzig fasste 2009 die ökologischen Konsequenzen dieser Erdölgewinnung folgendermaßen zusammen:

> Nowhere on Earth is more earth being moved these days than in the Athabasca Valley. To extract each barrel of oil from a surface mine, the industry must first cut down the forest, then remove an average of two tons of peat and dirt that lie above the oil sands layer, then two tons of the sand itself. It must heat several barrels of water to strip the bitumen from the sand and upgrade it, and afterward it discharges contaminated water into tailings ponds like the one near Mildred Lake. They now cover around 50 square miles. Last April some 500 migrating ducks mistook one of those ponds, at a newer Syncrude mine north of Fort McKay, for a hospitable stopover, landed on its oily surface, and died. (Kunzig)

Wissenschaftliche Studien dokumentieren darüber hinaus erhöhte Schwermetallwerte (vgl. Kirk et al.) sowie einen Anstieg an polycyclischen aromatischen Kohlenwasserstoffen (vgl. Kelly et al.), eine durch Luftverschmutzung verursachte Übersäuerung des Bodens (vgl. Jung et al.; Watmough et al.) und hohe Aerosolwerte (vgl. Liggio et al.).

Aktuell wird in Kanada über ein Pipeline-Projekt debattiert, das das Erdöl Albertas durch eine 1400 Kilometer lange Pipeline an die Küsten Québecs und Neubraunschweigs transportiert werden sollen, um es dort in Ölraffinerien weiterverarbeiten zu können. Die einen sehen in diesem Projekt ein großes wirtschaftliches Potential. So zitieren Alexandre Shields und Robert Dutrisac 2014 den Québecer Minister Perre Arcand:

> Il y a des avantages économiques. Ça crée des emplois, c'est un pipeline neuf, c'est la construction d'un nouveau pipeline sur l'ensemble du Québec, a lancé Pierre Arcand en marge du Conseil des ministres. Pour les régions, particulièrement autour de Rivière-du-Loup, il y a certainement des avantages. D'ailleurs, les chambres de commerce de cette région [y sont favorables].

Laut Angaben von TransCanada soll der Pipelinebau 537 Arbeitsplätze in Québec schaffen; jedoch müsste die Firma den Gemeinden, durch die die Pipeline verlaufen würde, Steuern zahlen (vgl. Marsolais).

Sowohl in Québec als auch in der Nachbarprovinz Ontario zweifeln jedoch viele an einem volkswirtschaftlichen Gewinn. So meinte Denis Corderre, Bürgermeister der Stadt Montréal, im Januar 2016:

> Le projet [Énergie Est] entraînerait la création d'une trentaine d'emplois directs pour l'ensemble du Québec pour son exploitation et des retombées

> fiscales d'au plus 2 millions de dollars par année, selon les dernières estimations de TransCanada et nos propres vérifications (apud Bissonet).

Corderre weist des Weiteren darauf hin, dass die Kosten bei einem Pipelinebruch die potentiellen Einkünfte bei Weitem übersteigen: Ein Pipelinebruch würde nicht nur Schäden von zwischen 1 und 10 Milliarden Dollar verursachen, sondern darüber hinaus das Trinkwasser zahlreicher Gemeinden kontaminieren (vgl. Bissonet). Auch das Energiekomittee von Ontario ist der Auffassung, dass die ökologischen Risiken im Vergleich zu den möglichen wirtschaftlichen Erträgen unverhältnismäßig hoch sind und sich ein Pipelinebau für die Provinz Ontario somit nicht lohnt (vgl. Shields).

Die ökologischen Konsequenzen eines Pipelinebruchs der Ölsand-Pipelines konnten bereits 2010 nach dem Bruch einer Pipeline in Kalamazoo, Michigan, beobachtet werden:

> The 2010 accident was disastrous not only because of how much oil spilled but also because of the type of crude running through Enbridge Inc.'s pipeline. Diluted bitumen, a particularly toxic crude from the Canadian oil sands region, is so thick and tarry that it must be thinned with volatile chemicals before it can flow through pipelines. Even then, the oil is too dense to float in the water, like conventional oil does when spilled. Instead, diluted bitumen sinks to the bottom, making it harder for workers to remove and retrieve. (Galucci)

Im April 2006 hat Québec eine unabhängige Firma beauftragt, die möglichen volkswirtschaftlichen Erträge des Pipeline-Projekts *Énergie Est* zu ermitteln (vgl. Robillard). Ob und wann die Pipeline gebaut wird, ist somit weiterhin unklar.

2.1.3 Ziel- und Kompetenzformulierungen

2.1.3.1 Stundenziele

- Das Ziel dieser Doppelstunde bestand darin, die Lernenden über die Existenz der Ölsände von Alberta zu informieren und auf ihre Auswirkungen auf Mensch und Umwelt zu verweisen.
- Nach dieser Unterrichtsstunde sollen die SchülerInnen neues inhaltliches Wissen über ein global bedeutsames umweltpolitisches Thema erlangt haben, indem sie mittels eines offenen und möglichst authentischen Arbeitsauftrags in der Vertiefungsphase eigenständig und problemorientiert arbeiten.
- Das vorliegende Unterrichtskonzept ist als in sich abgeschlossener Exkurs konzipiert, der sich problemlos in eine Unterrichtseinheit zum Thema Québec und/oder in eine Unterrichtsreihe zum Thema „Umwelt" integrieren lässt.

- Mir war es dabei wichtig, die Lernenden mit authentischem frankokanadischem Material arbeiten zu lassen. Der Französischunterricht tendiert oft dazu, ausschließlich mit Audiomaterial zu arbeiten, das die französische Standardvarietät nutzt. Dies ist meines Erachtens bedauerlich, da die französische Varietät nun einmal in der Realität eine Varietät unter vielen ist und Lernenden nur selten die Möglichkeit gegeben wird, ihr Ohr zum Verständnis anderer Französischvarietäten zu schulen. Die Arbeit mit dem im Unterricht verwendeten Video kann theoretisch mit einem kleinen Exkurs über die Besonderheiten des Frankokanadischen (Aussprache, Vokabular …) verbunden werden.

2.1.3.2 Kompetenzen nach BISTAs

Fachliche Kompetenzen[1]:

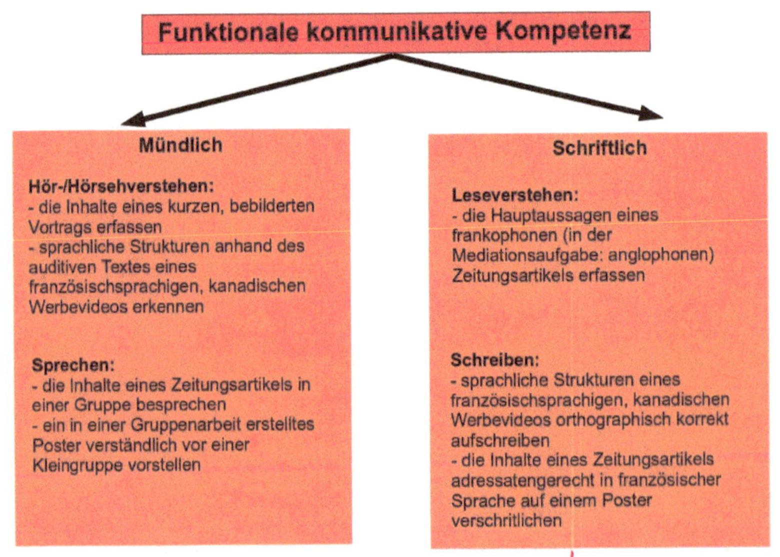

Die Aufgaben sollen es den Lernenden ermöglichen, ihre **Text- und Medienkompetenz** zu erhöhen, indem sie sprachlich und inhaltlich komplexe, nicht-lite-

[1] Entsprechend den *Bildungsstandards für die fortgeführte Fremdsprache (Englisch/Französisch) für die Allgemeine Hochschulreife* werden in dieser Unterrichtseinheit die in dieser Grafik dargestellten funktionalen kommunikativen Kompetenzen gefördert.

rarische Texte verstehen und strukturiert zusammenfassen. Das **Sprachbewusstsein** wird insofern gefördert, als dass sie durch das kanadische Werbevideo eine ihnen bislang unbekannte diatopische Varietät des Französischen kennenlernen. Des Weiteren wird ihnen in der Vertiefungsphase die Möglichkeit gegeben, ihren Output an die Anforderungen einer vorgegebenen kommunikativen Situation anzupassen, es werden somit auch die **sozialen Kompetenzen** der Lernenden aktiviert. Die überfachliche Ausrichtung der Thematik ermöglicht es den Lernenden, auf zahlreiche Informationsquellen zuzugreifen und initiiert somit ein **Lernen in globalen Zusammenhängen**. Nicht zuletzt ist auch die Vermittlung **interkultureller Kompetenzen** von großer Bedeutung: Die Ölsanddebatte ist in der kanadischen Gegenwartsgesellschaft von großer Bedeutung, das Thema Umweltschutz spielt in Kanada allgemein eine große Rolle. Man denke beispielsweise an die MaddAddam-Trilogie der international bekannten Autorin Margaret Atwood oder an die frankokanadische Band Les Cowboys frigants, die mit ihrem Lied „Je Meurs" einen Charthit landeten. Ein Einblick in diese Debatte kann es den SchülerInnen somit ermöglichen, Kanada und die franko-kanadische Kultur besser zu verstehen.

Überfachliche Kompetenzen:

Die Aufgabenstellungen der Vertiefungsphase sind so formuliert, dass die SchülerInnen sich über das inhaltliche Wissen hinaus Handlungswissen aneignen können: Wie fasse ich ein (politisches) Thema ansprechend und adressatengerecht zusammen? Wie präsentiere ich dieses Thema? Solche Fertigkeiten sind in einer Demokratie zur Erhaltung der politischen Kommunikation unabdinglich. Dadurch trainieren die SchülerInnen überfachliche Kompetenze wie die Problemlösungs- und Präsentationskompetenz.

2.1.4 Materialanalyse

Bei den in dieser Unterrichtsstunde genutzten Materialien handelt es sich um:

- Video: ein vierminütiges, vom frankophonen Fernsehsender TV5 produziertes Video: (http://cabouge.tv5.ca/quebec/videos). Unter diesem Link findet sich auch von TV5 bereitgestelltes didaktisches Material (Fiches pédagogiques pour Québec) mit Hörverständnisaufgaben und weiterführenden Aufgabenstellungen.
- Bilder, Zeitungsartikel
- eine Vielzahl an authentischen, non-fiktiven Texten
- gekürztes und von mir didaktisch aufbereitetes Material

Die **Schwierigkeit** beim Zusammentragen der Materialien bestand darin, Dokumente zu finden, die auch ohne Vorkenntnisse über die Ölsanddebatte und die politischen Akteure in Kanada verständlich sind. Insbesondere die Videobeiträge, die online zu finden sind, setzten oft voraus, dass ZuschauerInnen zumindest mit dem kanadischen Parteiensystem vertraut sind.

Bei den Arbeitsaufträgen wird versucht, mehrere Stimmen, die sich gegen den Ölsandabbau und gegen *Énergie Est* aussprechen, zu Wort kommen zu lassen. Neben einem Vertreter der indigenen Bevölkerung Kanadas lasse ich ebenfalls die Umweltorganisation Greenpeace zu Wort kommen. Ich entschied mich hierzu, weil Greenpeace aufgrund seiner internationalen Bedeutung einen potenziell hohen Wiedererkennungswert für die Lernenden aufweist. Auf diese Weise wollte ich implizit die globale Vernetzung von Umweltfragen und damit den Gegenwartsbezug der Ölsanddebatte verdeutlichen.

2.1.5 Überlegungen zur Lerngruppe

Meine Unterrichtsstunde ist so konzipiert, dass von Seiten der Lernenden kein Vorwissen über die Ölsandthematik vorausgesetzt wird. In den vorangegangenen Stunden hatte die Klasse allgemeine landeskundliche Informationen über Québec erarbeitet. So hatten die Lernenden das Kapitel über Québec im Französischlehrbuch *À Plus 3* bearbeitet und ein vierminütiges Video über diese kanadische Provinz angeschaut.

In Bezug auf die Vertiefungsaufgabe kann insofern eine Binnendifferenzierung durchgeführt werden, als dass einer der Arbeitsaufträge tendenziell etwas anspruchsvoller ist: Es handelt sich um eine Mediationsaufgabe, bei der die Inhalte eines englischsprachigen Artikels in französischer Sprache adressatengerecht zusammengefasst werden sollen. Es würde sich gegebenenfalls anbieten, dieses Arbeitsblatt an besonders leistungsstarke Lernende zu verteilen, da in dieser Aufgabenstellung eine doppelte Übersetzungsleistung erbracht werden muss: Der Text muss zunächst in einer Fremdsprache entschlüsselt und anschließend in einer anderen Fremdsprache wiedergegeben werden.

2.1.6 Tabellarischer Überblick

Unterrichts-phase	Unterrichtsverlauf	Ziel der Phase (Kompetenzen)	Sozial-form	Medium	Zeit
Einstiegs-phase	1. Begrüßung der SuS 2. Redekette: «Qu'est-ce que vous savez du Canada? Qu'est-ce que vous savez du Québec?» 3. LehrerInnenvortrag: „Les sables bitumineux d'Alberta et le projet *Énergie Est*»	1. und 2.: SuS-Aktivierung, Ergebnissicherung der vorangegangenen Stunde (Vokabeln / landeskundliches Wissen über Québec allgemein), Üben der Sprachkompetenz, ggf. Fehlerkorrektur (Aussprache) 3.: Informieren über das Thema der Unterrichtsstunde, Hörkompetenz	Plenum, LuL-zentriert	1 und 2.: Whiteboard, Fotocollage als visueller Impuls 3.: Whiteboard, Powerpoint-Präsentation mit vielen Bildern	15 Min. (Vortrag max. 10 Min.)
Arbeits-phase **Sicherungs-phase (Arbeits-phase)**	Hörverständnisaufgabe zum Thema: die SuS sollen ein Werbevideo der kanadischen Pipelinefirma *TransCanada* hören und einen Lückentext (s. Anhang) ausfüllen	Schulung des Hörverständnisses allgemein; erster Kontakt mit einem Audiodokument des kanadischen Französischs	Einzelarbeit	Werbevideo: Ca bouge au Canada, Québec Handout	20 Min.

Unterrichts-phase	Unterrichtsverlauf	Ziel der Phase (Kompetenzen)	Sozial-form	Medium	Zeit
Vertie-fungs-phase I	Gruppenpuzzle – Expertengruppe: die SuS sollen sich in Expertengruppen mit je einem Artikel auseinandersetzen, der von den ökologischen Konsequenzen des Ölsandabbaus bzw. des Pipelinebaus handelt; zu jedem dieser gekürzten und didaktisierten Zeitungsartikel findet sich ein Arbeitsauftrag, bei dem die SchülerInnen in Kleingruppen einen etwa 125 Wörter langen Text schreiben sollen. In den Aufgaben wird jedes Mal ein bestimmter Kontext und eine Adressatengruppe spezifiziert, für die die Inhalte der Artikel zusammengefasst werden sollen (siehe Anhang). Erstellung eines Posters mit den Ergebnissen.	Individuelle Auseinandersetzung mit einem umweltpolitischen Aspekt der kanadischen Ölsand- und Pipelinedebatte; Lesekompetenz; Schreibkompetenz; Methodenkompetenz (hier: Informationen adressatengerecht aufbereiten); Sozialkompetenz Unterschiedlicher Schwierigkeitsgrad der Aufgaben zu den Artikeln: Binnendifferenzierung möglich!	Kleingruppen (ca. 4 Personen)	Handouts, Poster vier Artikel (s. Anhang), die das Thema aus unterschiedlichen Perspektiven beleuchteten	20 Min. (inkl. 5 Min. Pause)
Vertiefungs- und Sicherungs phase II	Gruppenpuzzle – Vorträge im Galeriegang: die Expertengruppen werden durchmischt, sodass neue Gruppe bestehend aus jeweils mindestens einem „Experten" zu jedem bearbeiteten Text entstehen; in Kleingruppen stellen sich die SuS gegenseitig ihre Poster vor	Sprachkompetenz; Hörkompetenz; Methodenkompetenz (hier: einen Vortrag vor einer Kleingruppe halten)	Kleingruppen	Poster	20 Min. (Zeit pro Station: ca. 8 Min.)

2.1.7 Lösungsschlüssel

Der Lösungsschlüssel zum **Lückentext** findet sich, zusammen mit dem Lückentext, im Anhang. Die Fehlerkorrektur kann im Plenum erfolgen, wobei die richtigen Antworten entweder von der Lehrkraft oder von einem Schüler oder einer Schülerin angeschrieben werden. Alternativ kann der Lösungsschlüssel auch zur Selbst- oder Partnerkontrolle genutzt werden: SchülerInnen korrigieren sich gegenseitig oder gehen die Texte gemeinsam durch. Dies könnte beispielsweise der Fall sein, wenn die Aufgabe im Rahmen eines Lernzirkels[2] benutzt wird.

Bei **offenen Aufgaben** gibt es keinen eindeutigen Lösungsschlüssel, die Mindestanforderungen für die *Vertiefungsphase* sind jedoch folgende:

- Die Lernenden können sagen, worum es in dem Text geht und was die Hauptaussage des Textes ist.

So ließen sich die Themen und Kernaussagen der Texte beispielsweise folgendermaßen zusammenfassen:

Artikel / Arbeitsblatt	**Thema**	**Kernaussage**
Handout: „Les sables bitumineux et les Autochtones“ Artikel: „Des liens entre sables bitumineux et métaux lourds, selon une étude“ (Dean Benett)	Die Ölsände von Alberta und ihre gesundheitlichen Auswirkungen auf die lokale, indigene Bevölkerung	Der Anstieg an Krebsfällen in der lokalen indigenen Bevölkerung, die sich von der lokalen Flora und Fauna ernähren, wird mit den erhöhten Schwermetallwerten in Verbindung gebracht.
Handout: „Les sables bitumineux, une catastrophe écologique mondiale“ Artikel: „Les sables bitumineux, une catastrophe écologique mondiale“ (Greenpeace)	Die Ölsände von Alberta und ihre globalen ökologischen Auswirkungen	Für den Abbau und die Weiterverarbeitung von Ölsand wird im Vergleich zum Abbau konventioneller Erdölvorkommen unverhältnismäßig viel Energie verbraucht. Die Ölsände vergrößern deshalb den CO2-Abdruck von Kanada massiv und wirken dem internationalen Ziel, Treibhausgase zu reduzieren und die globale Erwärmung zu stoppen, zuwider.

[2] Nähere Informationen zu dieser Unterrichtsmethode finden sich unter anderem auf der Homepage des Schulbuchverlags Klett: https://www.klett.de/lehrwerk/lernen-an-stationen-lernzirkel/konzeption.

Handout: „La rupture de pipeline à Kalamazoo“ Artikel: “Enbridge Oil Spill: Five Years Later, Michigan Residents Struggle To Move On” (Maria Galucci)	Der Bruch einer Pipeline in Michigan, bei dem kanadisches Erdöl einen Fluss verseucht hat	Das aus dem Ölsand gewonnene Bitumen muss aufgrund seiner Dickflüssigkeit mit Chemikalien angereichert werden, um es per Pipeline transportieren zu können. Diese Chemikalien bewirken, dass das Erdöl im Falle eines Rohrbruchs auf den Grund des Gewässers absinkt.
Handout: „La pipeline *Énergie Est* – une menace pour l'eau potable?“ Artikel: „*Énergie Est* menacerait l'eau potable de millions de Canadiens, selon une étude“ (Radio Canada)	Der geplante Bau der Pipeline *Énergie Est* und die Gefahren, die dieses Projekt für die Grundwasserversorgung der kanadischen Bevölkerung birgt	Im Falle eines Rohrbruchs der Pipeline *Énergie Est* wäre die Grundwasserversorgung von etwa 5,1 Millionen Kanadiern in Gefahr.

Die **Aufgabenstellungen auf den Handouts** spezifizieren eine bestimmte kommunikative Situation: So sollen sich die SchülerInnen einer Arbeitsgruppe beispielsweise als Teammitglieder einer Umweltorganisation verstehen, die Infomaterial über die Ölsände von Alberta erstellt. Eine andere Gruppe soll sich in die Rolle eines Stammeshäuptlings versetzen und für seinen Stamm die Ergebnisse einer Studie über die möglichen gesundheitlichen Auswirkungen der Ölsandgewinnung auf die Gesundheit der indigenen Bevölkerung zusammenfassen.

Die korrekte Anwendung bekannter *semantischer und grammatikalischer Strukturen* sowie ein Bemühen um eine adressatengerechte Vermittlung von Informationen wären wünschenswert. Im hessischen Curriculum wird dies jedoch nur explizit auf Leistungskursniveau erwartet.

Lösungs-/Bearbeitungsmethode:

Die offene Aufgabenstellung stellt es den SchülerInnen frei zu entscheiden, ob sie die Informationen des Textes lediglich zusammenfassen möchten oder ob sie darüber hinaus eigene Impulse integrieren wollen. So kann der Stammeshäuptling die indigene Bevölkerung zu einer bestimmten Handlung animieren, die Infobroschüre kann zur Teilnahme an einer Demonstration aufrufen. Auch in Bezug auf die Form des Textes wird eine gewisse Freiheit gewährt: Je nach Sprachkompetenz können die Informationen als Stichpunkte oder als Fließtext verfasst werden; bei dem Mediationstext besteht darüber hinaus die Möglichkeit, den Text als Monolog oder als Dialog mit der fiktiven kanadischen Freundin zu gestalten.

2.1.7.1 Landkarte mit Kennzeichung der Ölsände in Alberta

NormanEinstein "Athabasca Oil Sands map.png" *Commons.wikimedia.org*. 10.5.2006. Digital image. 16.5.2018. https://commons.wikimedia.org/wiki/File:Athabasca_Oil_Sands_map.png. CC0-Lizenz.

2.1.7.2 Arbeitsblätter

2.1.7.2.1 Hörverständnisaufgabe „Werbevideo“ mit Lückentext

Publicité *TransCanada*: Que signifie Énergie Est pour le Québec?

TransCanada ist eine Firma, die eine Pipeline vom Westen in den Osten Kanadas bauen möchte. *TransCanada* hat mehrere Werbevideos für dieses Projekt, das in weiten Teilen der Bevölkerung auf starke Ablehnung trifft, erstellt. Der vorliegende Text ist eine Transkription des Werbevideos „Oléoduc Énergie Est — Que signifie Énergie Est pour le Quebec? (90")“.

Arbeitsauftrag: Schaut das Werbevideo[3] und füllt die Leerstellen aus.

Que signifie le **projet oléoduc** *Énergie Est* pour le Québec? D'abord et avant tout, cela signifie des emplois ______________. *TransCanada* a conclu **un partenariat** avec de nombreuses entreprises du Québec depuis plusieurs années et nous **créons** déjà des **emplois** dans **la province.** Canada Oil Forge est un fabricant de **raccords de pipelines** basé à **Pecquencourt** avec lequel nous travaillons depuis plus de __________ ans. Martin Toutant, ___________________________, croit	**le projet oléoduc**: das Pipeline-Projekt **le partenariat**: die Partnerschaft **créer:** schaffen **L'emploi** (m.): der Arbeitsplatz **la province**: hier: die kanad. Provinz Québec **le raccord de pipelines**: die Pipelineanschlüsse **Pecquencourt**: eine Stadt in Québec
qu'Énergie Est va renforcer de façon significative son entreprise: „Nous **faisons affaire avec** *TransCanada* depuis ______________________ et, **grâce à** eux, nous avons connu **une croissance** constante. Avec le projet *Énergie Est*, nous	**faire affaire avec qqn.**: einen Handel mit jdm. abschließen **grâce à**: mit Hilfe von **la croissance**: das (Wirtschafts-) Wachstum
pensons recruter ______________________ spécialisés dans le domaine **du machinage**, du **soudage** et de **la métallurgie**».	**le machinage**: der Maschinenbau **le soudage**: das Schweißen **la métallurgie**: die Metallindustrie
Un autre **partenaire de longue date** au Québec est le groupe EzeFlow, un fournisseur de **Granby** qui compte _________________ à l'échelle de la province, dont beaucoup sont des travailleurs hautement qualifiés qui **soutiennent** les projets de *TransCanada*:	**le/la partenaire**: der/die Partner/in **de longue date**: langjährig **Granby**: eine Stadt in Québec **soutenir**: unterstützen

3 TransCanada Corporation. „Oléoduc Énergie Est — Que signifie Énergie Est pour le Québec? (90") REV“ (Werbevideo). *Youtube*, 05.11.2015. <https:// www.youtube.com/ watch?v=7k9BC_we95I>, 18.07.2016.

„______________________, notre collaboration avec *Transcanada* Pipeline nous a permis de **perfectionner** nos ______________________ pour atteindre des ______________________**exceptionnels.** Pour EzeFlow, le projet *Énergie Est* **permettera** de **maintenir** __________ emplois ici à Granby, et cela contribuera à **des retombées majeures** dans la communauté d'affaires à Granby».	**perfectionner**: vervollkommnen **exceptionnel,-le**: außergewöhnlich. Hier: überdurchschnittlich **permettre**: ermöglichen **maintenir**: aufrechterhalten → vgl. engl. (to) maintain **les retombées**: die (wirtschaftl.) Auswirkungen. **majeur,-e**: hier: bedeutend

Lösung:

Que signifie le projet oléoduc *Énergie Est* pour le Québec? D'abord et avant tout, cela signifie des emplois au Québec. *TransCanada* a conclu un partenariat avec de nombreuses entreprises du Québec depuis plusieurs années et nous créons déjà des emplois dans la province. Canada Oil Forge est un fabricant de raccords de pipelines basé en Pécquencourt avec lequel nous travaillons depuis plus de trente ans. Martin Toutant, son directeur général, croit *qu'Énergie Est* va renforcer de façon significative son entreprise: „Nous faisons affaire avec *TransCanada* depuis plus de 30 ans et, grâce à eux, nous avons connu une croissance constante. Avec le projet *Énergie Est*, nous pensons recruter de 30 à 40 employés spécialisés dans le domaine du machinage, du soudage et de la métallurgie.» Un autre partenaire de longue date au Québec est le groupe EzeFlow, un fournisseur de Granby qui compte 400 employés à l'échelle de la province, dont beaucoup sont des travailleurs hautement qualifiés qui soutiennent les projets de *TransCanada*: „Depuis 25 ans, notre collaboration avec *Transcanada* Pipeline nous a permis de perfectionner nos méthodes de production pour atteindre des niveaux de qualité exceptionnels [...]. Pour EzeFlow, le projet *Énergie Est* permettera de maintenir 50 emplois ici à Granby, et cela contribuera à des retombées majeures dans la communauté d'affaires à Granby“.

2) **Imaginez-vous**: Vous êtes membres de l'organisation de l'environnement *Equiterre* et vous voulez informer la population des risques qu'implique la construction du pipeline Énergie Est pour l'eau potable au Québec. Créez un poster. (+/- 130 mots)

2.1.7.2.2 Didaktisierte Zeitungsartikel für das Gruppenpuzzle

Le pipeline *Énergie Est* – une menace pour l'eau potable?

1) Lisez le texte.[4]

La construction du pipeline Énergie Est menacerait l'approvisionnement en eau potable de plus de 5 millions de Canadiens qui vivent dans des „zones à risque". C'est la conclusion d'un rapport publié mercredi par plusieurs groupes, par exemple *Greenpeace* et *Equiterre*. Les auteurs de l'étude disent que près de 3000 plans d'eau dans plus de 24 régions municipales pourraient être directement affectés par un déversement. Selon eux, une simple fuite pourrait „contaminer les sources d'eau potable pendant des années".	**menacer**: bedrohen → vgl. Englisch: (to/a) menace **l'approvisionnement**: die Versorgung **l'eau potable**: das Trinkwasser **le rapport**: der Bericht **le déversement**: hier: Ausschüttung des Pipelineinhalts in die Gewässer **la fuite**: hier: das Leck **contaminer**: verunreinigen → vgl. engl. Contamination
Le rapport affirme qu'au total, 5,1 millions de Canadiens vivraient dans des zones menacées par un éventuel déversement, dont 3,2 millions au Québec, un million en Ontario, 676 613 au Manitoba et 130 679 au Nouveau-Brunswick. Une seule rupture de pipeline dans l'un ou l'autre de ces endroits fragiles risque de contaminer les sources d'eau potable pendant des années.	**Nouveau-Brunswick**: Neubraunschweig (eine ostakanadische Provinz) **la rupture**: der Bruch **fragile**: empfindlich → vgl. engl. fragile
Près de 2,9 millions de résidents seraient dans des zones à risque situées dans la grande région de Montréal, où le fleuve St-Laurent, les rivières des Prairies, des Mille-Îles et la rivière L'Assomption, entre autres, sont menacés. […] Le projet d'oléoduc Énergie Est de 4600 kilomètres vise à acheminer quotidiennement 1,1 million de barils de pétrole des sables bitumineux [d'Alberta] jusqu'à Saint-Jean, au Nouveau-Brunswick.	**viser à faire qc.**: darauf abzielen, etw. zu tun **acheminer**: befördern **quotidiennement**: täglich **les sables bitumineux**: die Ölsande

[4] Extrait de l'article „Énergie Est menacerait l'eau potable de millions de Canadiens, selon une étude", publié le 6 avril 2016 sur le site web du *Ici Radio Canada*. Abrégé, légèrement modifié (en faisant en sorte de ne pas changer le contenu) ainsi que didactisé par Clio Falk.

La rupture de pipeline à Kalamazoo

En 2010, un pipeline qui transporte du pétrole du Canada aux États-Unis s'est brisé à Kalamazoo, au Michigan. Une amie francophone du Québec a trouvé un article[5] de 2015 sur ce sujet. Elle n'aime pas lire en anglais et vous demande de lui résumer le texte en français. Vous lui écrivez un mail. (+/- 125 mots)

On the Kalamazoo River this weekend, Michigan residents will kayak down the sparkling waters and cast their lines for smallmouth bass. The relaxing summer day will bear little resemblance to July 25, 2010, when a ruptured pipeline spewed a million gallons of crude oil into a nearby creek. […] The 2010 accident was disastrous not only because of how much oil spilled but also because of the type of crude running through Enbridge Inc.'s pipeline. Diluted bitumen, a particularly toxic crude from the Canadian oil sands region, is so thick and tarry that it must be thinned with volatile chemicals before it can flow through pipelines. Even then, the oil is too dense to float in the water, like conventional oil does when spilled. Instead, diluted bitumen sinks to the bottom, making it harder for workers to remove and retrieve. "The Kalamazoo River still isn't clean," Anthony Swift, who directs the Natural Resources Defense Council's Canada Project, told OnEarth magazine. "The EPA reached a point where additional cleanup might do more harm than good. Much of the river is still contaminated." Canadian crude oil spilled into the river for 17 hours before Enbridge workers could shut down the line. […] The pipeline spill "was one of the bleakest and most humbling chapters in our company's 65-year history," he said by email. "We are pleased to have returned the Kalamazoo River to health, productivity and benefit to people and nature." […]	**Kalamazoo River**: Fluss in Michigan **sparkling**: hier: glitzernd **(to) cast**: hier: auswerfen **line**: hier: Angelschnur **smallmouth bass**: Schwarzbarsch **(to) bear resemblance to sth.**: mit etw. Ähnlichkeit haben; etw. ähneln **ruptured**: gebrochen → vgl. rupture: Bruch **(to) spew**: (aus-)speien **gallon**: 1 gal ≙ 3,78 l **crude oil**: Rohöl **disastrous**: katastrophal → vgl. dt. desaströs **crude**: hier: Rohöl **diluted bitumen**: gelöstes Teer **tarry**: teerig **(to) thin**: verdünnen **volatile chemicals**: leicht verdampfende Chemikalien **dense**: dicht **(to) float in sth.**: auf etw. treiben **retrieve**: hier: abschöpfen **contaminated**: verschmutzt **bleak**: düster **humbling**: hier: erschütternd

5 Article „Enbridge Oil Spill: Five Years Later, Michigan Residents Struggle To Move On", rédigé par Maria Gallucci et publié par le *International Business Times*: http://www.ibtimes.com/enbridge-oil-spill-five-years-later-michigan-residents-struggle-move-2022591. Abrégé et didactisé par Clio Falk.

[Q]uestions remain over exactly how much oil spilled from the pipeline. The EPA has <u>estimated</u> that up to 1.1 million gallons (nearly 26,200 barrels) spilled in Michigan, while Enbridge and Michigan environmental officials put the figure at about 843,000 gallons (about 20,000 barrels). <u>By comparison</u>, in the BP oil spill disaster, which happened just three months before the Michigan accident, more than 200 million gallons of crude pumped into the Gulf of Mexico.	**estimate**: (ein-)schätzen **by comparison**: zum Vergleich

Lösungsbeispiel

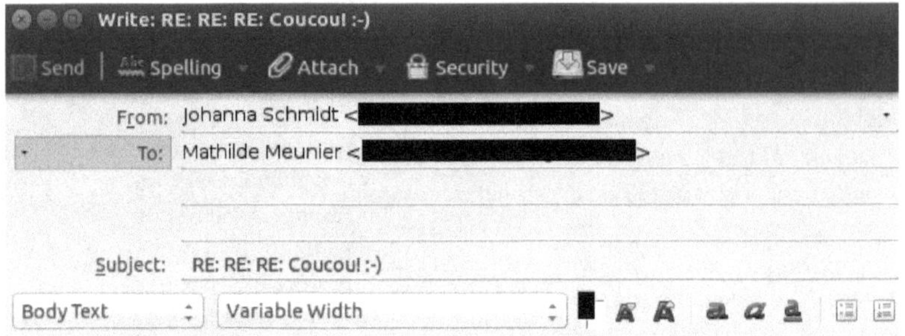

Write: RE: RE: RE: Coucou! :-)

Send | Spelling | Attach | Security | Save

From: Johanna Schmidt <[redacted]>

To: Mathilde Meunier <[redacted]>

Subject: RE: RE: RE: Coucou! :-)

Body Text | Variable Width

Chère Mathilde,

Ca va ? Il y a quelques jours, j'ai lu un article qui pourrait t'interesser. Dans cet article, il s'agissait de la rupture d'un pipeline à Kalamazoo, au Michigan, en 2010. C'etait un pipeline qui transportait du pétrole canadien. On ne sait pas exactement combien de barrels de pétrole ont été déversés : certains parlent de 20 000 barrels, d'autres de plus de 26 000. Celà a été une grande catastrophe pour l'environnement non seulement à cause de la quantité, mais aussi à cause de la qualité du pétrole déversé.

Est-ce que tu as déjà entendu parler des sables bitumieux d'Alberta ? C'est de là que venait le pétrole. Le bitume issu des sables bitumineux est pariculièrement dangereux pour l'environnement : il est très visqueux, il faut donc lui ajouter des produits chimiques pour le rendre plus liquide avant de le transporter par un pipeline. Ce bitume liquidifié est plus lourd que le pétrole « normal » et ne flotte donc pas sur la surface de l'eau. Lors d'une rupture de pipeline, c'est donc plus difficile d'extraire le bitume dilué des cours d'eau.

L'article dit qu'en 2015 – cinq ans après le déversement de Kalamazoo – le fleuve du Michigan n'est toujours pas propre : il y a toujours du bitume au fond de la rivière de Kalamazoo. C'est dingue, non ?!?!

J'espère avoir bientôt de tes nouvelles !

Bisous,

Johanna

Les sables bitumineux et les Autochtones

1) Lisez le texte[6].

Une nouvelle étude commandée par deux bandes autochtones de l'Alberta établit un lien entre le traitement des sables bitumineux et un niveau élevé de métaux lourds dans l'environnement. L'étude, réalisée pendant trois ans par des chercheurs de l'Université du Manitoba, soutient aussi que cela peut expliquer un taux élevé de cancer chez des résidants de la Première Nation de Fort Chipewyan, située à environ 225 kilomètres au nord de Fort McMurray. Des 94 participants de cette communauté du lac Athabasca qui ont participé à la recherche, 23 souffrent d'un cancer, probablement parce qu'ils ont l'habitude de consommer des produits locaux, dont le poisson qu'ils pêchent. [...] Des taux très élevés de métaux lourds ont aussi été trouvés chez des orignaux, des castors et des canards. Selon les chercheurs, les taux élevés d'arsenic et de mercure trouvés chez les castors, les canards et les orignaux étaient particulièrement dangereux pour les enfants. Les taux de cadmium étaient également élevés chez les orignaux, les castors et les canards. Les taux de sélénium chez toutes les espèces étaient quant à eux assez élevés pour être nocifs, chez les adultes comme chez les enfants. Le chef de la nation crie Mikisew, Steve Courtoreille, a indiqué que toutes les personnes interrogées s'inquiétaient du déclin général de la santé dans la région. «Il est temps que le gouvernement fasse quelque chose, a-t-il déclaré. La réalité est que notre peuple se meurt.»	**une étude**: eine Studie **commander**: hier: in Auftrag geben **autochtone**: einheimisch **une bande autochtone**: ein (kanadischer) Indianerstamm **un niveau élevé**: erhöhte (Mess-)Werte **le métal lourd**: das Schwermetall **chercheur,-se**: Forscher/in **un taux élevé**: un niveau élevé **participant,-e:** (Studien-) Teilnehmer/in **souffrir**: leiden **le cancer**: der Krebs → vgl. engl. cancer **l'habitude** (f.): die Gewohnheit **consommer**: hier: verzehren **l'orignal** (m.): der Elch **le castor**: der Biber **le canard**: die Ente **l'arsenic**: das Arsen **le mercure**: das Quecksilber **nocif,-ve**: schädlich **les cris**: die Cree (ein indigenes Volk Nordamerikas) **les personnes interrogées**: die Befragten **s'inquiéter**: besorgt sein **le déclin**: der Rückgang → vgl. engl. a decline in sth.

6 Extrait de l'article „Des liens entre sables bitumineux et métaux lourds, selon une étude“, rédigé par Dean Bennett et publié le 08.07.2014 par le journal canadien *La Presse*. Abrégé, légèrement modifié (en faisant en sorte de ne pas changer le contenu) et didactisé par Clio Falk.

2) **Imaginez-vous**: Vous êtes Steve Courtoreille, chef de la nation crie Mikisew, et vous voulez informer votre peuple de cette étude. Créez un poster. (+/- 125 mots).

Les sables bitumineux, une catastrophe écologique mondiale

1) Lisez le texte (Extrait de l'article „Les sables bitumineux, une catastrophe écologique mondiale", publié par Greenpeace en 2010. Abrégé, légèrement modifié (en faisant en sorte de ne pas changer le contenu) et didactisé par Clio Falk).

Enfouie sous la forêt boréale, dans le Nord de l'Alberta, se trouve une source de pétrole que l'on appelle les sables bitumineux. Ce pétrole est l'un des plus sales au monde parce que son extraction requiert tant d'énergie que cela en fait l'un des pétroles les plus polluants de la planète en matière d'émissions de gaz à effet de serre (GES). [...]

Mélange de sable et de bitume, le pétrole d'Alberta est un pétrole non conventionnel et nécessite de gigantesques quantités d'énergie et d'eau de la rivière Athabasca pour être simplement extrait du sol. [...]

En 2020, l'industrie des sables bitumineux émettra plus de GES que des pays comme l'Autriche, le Portugal, l'Irlande ou le Danemark. À elle seule, elle pourrait même égaler ou surpasser les émissions d'un pays de 10 millions d'habitants comme la Belgique! [...]

La quantité d'énergie nécessaire pour produire du pétrole à partir des sables bitumineux est considérable. Par conséquent, ce pétrole laisse une empreinte carbonique plus marquée que tout autre produit pétrolier sur le marché. Les sites les plus polluants consomment d'énormes quantités de gaz naturel pour créer la vapeur qui sert à liquéfier et extraire le bitume contenu dans le sol. Dans certains cas, l'extraction du pétrole des sables bitumineux est désormais 10 fois plus polluante que le pétrole de la Mer du Nord. [...]

Si l'exploitation des sables bitumineux continue de se développer au rythme prévu, les efforts faits par les autres industries et les autres provinces [du Canada] de réduire leurs émissions de GES seront totalement annulés.

la forêt boréale: der boreale Nadelwald
Alberta: ostkanad. Provinz
les sables bitumineux: der Ölsand
sale: dreckig, verschmutzt
l'extraction (f.): die Gewinnung
requérir: verlangen
polluant,-e: verschmutzend
le gaz à effet de serre: das Treibhausgas
le mélange: hier: das Gemisch
le sable: der Sand
le bitume: das Bitumen
le pétrole non conventionnel: das nicht konventionelle Erdöl
gigantesque: gigantisch
la quantité: die Menge
extraire: entnehmen
le sol: der Boden
égaler: entsprechen
surpasser: überschreiten
nécessaire: notwendig → vgl. engl necessary
l'empreinte carbonique (f.): der CO2-Fußabdruck
marqué,-e: hier: ausgeprägt
liquéfier: verflüssigen
désormais: nun, jetzt, nunmehr
l'exploitation: hier: der Abbau
prévu,-e: geplant, planmäßig
l'effort (m.): die Anstrengung
réduire: mindern
annuler: hier: zunichte machen

2) Imaginez-vous: Vous êtes membres de l'organisation de l'environnement Greenpeace et vous voulez informer du danger écologique qui représentent les sables bitumineux d'Al berta. Créez un poster

2.1.8 Literatur- und Quellenverzeichnis

Literatur über die Ölsanddebatte in Alberta und die Debatte um den Bau von *Énergie Est*

Alberta Energy. "Oil Sands." *Alberta Energy*, kein Datum. http://www.energy.alberta.ca/OurBusiness/oilsands.asp, 16.07.2016.

Bennett, Dean. „Des liens entre sables bitumineux et métaux lourds, selon une étude" *La presse*, 08.07.2014. http://www.lapresse.ca/environnement/dossiers/les-sables-bitumineux/201407/08/01-4781949-des-liens-entre-sables-bitumineux-et-metaux-lourds-selon-une-etude.php, 28.02.2017.

Bissonet, Jacques. „Énergie Est: trop de risques pour trop peu de retombées économiques, dit Coderre" *Ici Radio Canada*, 21.01.2016. http://ici.radio-canada.ca/nouvelles/environnement/2016/01/21/001-transcanada-oleoduc-energie-est-opposition-montreal-laval-longueuil-repentigny.shtml, 16.07.2016.

Central Intelligence Agency (CIA). "Country Comparision: Crude Oil – Proved Reserves." *CIA*, 01.01.2015. https://www.cia.gov/library/publications/the-world-factbook/rankorder/2244rank.html, 16.07.2016.

Charpentier, Alex et al. "Understanding the Canadian Oil Sands Industry's Greenhouse Gas Emissions." *Environmental Research Letters* 4.1, Januar 2009.

Cunningham, Greg. "Argonne Analysis Shows Increased Carbon Intensity from Canadian Oil Sands." *Argon National Laboratory*, 25.06.2015. http://www.anl.gov/articles/argonne-analysis-shows-increased-carbon-intensity-canadian-oil-sands, 16.07.2016.

Gallucci, Maria. "Enbridge Oil Spill: Five Years Later, Michigan Residents Struggle to Move on." *International Business Times.* http://www.ibtimes.com/enbridge-oil-spill-five-years-later-michigan-residents-struggle-move-2022591. 19.01.2017.

Greenpeace. „Les sables bitumineux, une catastrophe écologique mondiale" 2010. *Greenpace Canada.* http://www.greenpeace.org/canada/Global/canada/report/2010/5/Les%20sables%20bitumineux%20une%20catastrophe%20ecologique%20mondiale.PDF. 28.02.2017.

Hussain, Yadullah. "Canadian Oil Exports to U.S. Reaches Highest Level ever, as Shale Production Falls." *Financial Post*, 19.01.2017. http://business.financialpost.com/news/energy/canadian-oil-exports-to-u-s-reaches-highest-level-ever-as-shale-production-falls?__lsa=93b8-7790, 16.07.2016.

Jung, Kangho. "Critical Loads and H+ Budgets of Forest Soils Affected by Air Pollution from Oil Sands Mining in Alberta, Canada." *Atmospheric Environment* 69 (2013). 56-64.

Kelly, Erin et al. "Oil Sands Development Contributes Polycyclic Aromatic Compounds to the Athabasca River and its Tributaries." *Proceedings of the National Academy of Sciences of the United States of America* 106.52 (2009). 22346–22351.

Kirk, Jane et al. "Atmospheric Deposition of Mercury and Methylmercury to Landscapes and Waterbodies of the Athabasca Oil Sands Region." *Environ. Sci. Technol.* 48.13 (2014). 7374–7383.

Kunzig, Robert. "The Canadian Oil Boom." *National Geographic*, März 2009. http://ngm.nationalgeographic.com/2009/03/canadian-oil-sands/kunzig-text, 16.07.2016.

Liggio, John et al. "Oil Sands Operations as a Large Source of Secondary Organic Aerosols." *Nature* 534 (2016). 91–4.

Mesquida, Sébastien, Gildas Corget und Yann le Gléau. *Canada, le marchand de sable.* ARTE GEIE / What's Up Productions, 2013.

National Energy Board (NEB). "Crude Oil and Petroleum Products." *NEB*, 04.05.2016. http://www.neb-one.gc.ca/nrg/sttstc/crdlndptrlmprdct/index-eng.html, 16.07.2016.

National Energy Board (NEB). "Estimated Production of Canadian Crude Oil and Equivalent." *NEB*, 03.06.2016. http://www.neb-one.gc.ca/nrg/sttstc/crdlndptrlmprdct/stt/stmtdprdctn-eng.html, 16.07.2016.

o.A. „Énergie Est menacerait l'eau potable de millions de Canadiens, selon une étude", *Ici Radio Canada*, 6.4.2016. http://ici.radio-canada.ca/nouvelles/environnement/2016/04/06/001-pipelineenergie-est-potable-eau-greenpeace-menaces-fuite.shtml. 16.07.2016.

Programmatic Environmental Impact Statement (PEIS). "About Tar Sands." *PEIS*, kein Datum. http://ostseis.anl.gov/guide/tarsands/index.cfm, 27.06.2016.

Pujadas, David. „Journal de 20H du lundi 3 novembre 2014" France 2, 03.11.2014. http://www.francetvinfo.fr/replay-jt/france-2/20-heures/jt-de-20h-du-lundi-3-novembre-2014_730005.html, 13.07.2016.

Resenhoeft, Thilo. „Kanadas große Gier nach Öl heizt die Erde auf.“ *Die Welt*, 21.02.2012. http://www.welt.de/dieweltbewegen/article13877977/Kanadas-grosse-Gier-nach-Oel-heizt-die-Erde-auf.html, 27.06.2016.

Shields, Alexandre und Robert Dutrisac. „Plaidoyer en faveur d'un oléoduc: Le ministre Arcand vante les avantages économiques du projet de TransCanada“ *Le Devoir*, 11.09.2014. www.ledevoir.com/environnement/actualites-sur-l-environnement/418172/plaidoyer-en-faveur-d-un-oleoduc 27.06.2016.

Shields, Alexandre. „Énergie Est: Des risques et peu de retombées économiques“ *Le Devoir*, 14.08.2015. http://www.ledevoir.com/ environnement/ actualites-sur-l-environnement/447577/energie-est-des-risques-et-peu-de-retombees-economiques, 27.06.2016.

Taylor, Alan. “The Alberta Tar Sands.” *The Atlantic*, 25.09.2014. http://www.theatlantic.com/photo/2014/09/the-alberta-tar-sands/100820/27.06.2016.

TransCanada Corporation. „Oléoduc Énergie Est — Que signifie Énergie Est pour le Québec? (90") REV“ (Werbevideo). *Youtube*, 05.11.2015. https://www.youtube.com/watch?v=7k9BC_we95I, 18.07.2016.

Watmough et al. “The Importance of Atmospheric Base Cation Deposition for Preventing Soil Acidification in the Athabasca Oil Sands Region of Canada.” *Science of the Total Environment* 493 (Sept. 2014). 1-11.

(Fach-)Didaktische Literatur

Giesecke, Hermann. *Methodik des politischen Unterrichts*. München: Juventa, 1973.

Haiter, Maria. *Kooperatives Lernen mit Zeitreise*. Homepage von Klett, kein Datum. http://www.klett.de/klett/livebooks/koopertatives_lernen_zeitreise/, 16.07.2016.

Hessisches Kultusministerium. *Kerncurriculum gymnasiale Oberstufe: Chemie*. Wiesbaden: Hess. Kultusministerium, 2016.

Hessisches Kultusministerium. *Kerncurriculum gymnasiale Oberstufe: Englisch*. Wiesbaden: Hess. Kultusministerium, 2016.

Hessisches Kultusministerium. *Kerncurriculum gymnasiale Oberstufe: Erdkunde*. Wiesbaden: Hess. Kultusministerium, 2016.

Hessisches Kultusministerium. *Kerncurriculum gymnasiale Oberstufe: Ethik*. Wiesbaden: Hess. Kultusministerium, 2016.

Hessisches Kultusministerium. *Kerncurriculum gymnasiale Oberstufe: Französisch*. Wiesbaden: Hess. Kultusministerium, 2016.

Hessisches Kultusministerium. *Kerncurriculum gymnasiale Oberstufe: Politik und Wirtschaft.* Wiesbaden: Hess. Kultusministerium, 2016.

Hochschuldidaktik der Georg-August-Universität Göttingen. „Gutes Feedback – Regeln für eine wirksame Rückmeldung." Uni Göttingen, kein Datum. https://www.uni-goettingen.de/de/document/download/199ce1e3399b4e0ec377de32af5f0f6e.pdf/gutes%2520feedback_regeln.pdf, 20.07.2016.

Janssen, Bernd. *Kreative Unterrichtsmethoden. Bausteine zur Methodenvielfalt – Wege zum guten Unterricht.* Braunschweig: Westermann, 2008.

Klafki, Wolfgang. *Neue Studien zur Bildungstheorie und Didaktik. Zeitgemäße Allgemeinbildung und kritisch-konstruktive Didaktik.* 4. Auflage. Weinheim: Beltz, 1996.

Lin-Klitzing, Susanne. *Lehrerfortbildung zum Offenen Unterricht. Ein empirischer Vergleich verschiedener Durchführungsformen* (Habilitationsschrift). Baltmannsweiler: Schneider-Verlag Hohengehren, 2011.

Löschnigg, Maria. "'Crumble, Crumble Oil and Bumble': Poetic Responses to Environmental Issues in Canada." Vortrag, Ringvorlesung Canadian Ecologies, Marburg 26.04.2016.

Marsolais, Michel. „Pétrole des sables bitumineux: des retombées encore bien incertaines pour le Québec" Ici Radio Canada, 20.10.2014. http://ici.radio-canada.ca/nouvelles/Economie/2014/10/19/001-retombees-incertaines-exportation-petrole-par-saint-laurent.shtml 27.06.2016.

Massing, Peter. „Der Lehrervortrag." Aus: Frech, Siegfried, Hans-Werner Kuhn und Peter Messing (Hgg.). *Methodentraining für den Politikunterricht I.* Schwalbach: Wochenschau, 2010.

Szlczák, Edith. „La représentation du Québec dans les manuels scolaires de Bavière: perspectives culturelles et linguistiques" Vortrag, Studientage der Universität des Saarlandes zum Thema Lehrwerke für Sprache und Literatur als kulturelle Mittler im FSU: Québec – Kanada – Europa. Zeitraum: 19.-20.05.2016.

2.2 Le tourisme vert au Canada

11. Klasse Gymnasium (Niveau B1)

Dauer: 90 Minuten

von Aline Girard und Ann-Katrin Wagner

2.2.1 Die Lerngruppe, Schwerpunktsetzung und Rahmenbedingungen

Das Unterrichtskonzept wurde für den **Leistungskurs Französisch einer 11. Klasse** (G8, Qualifikationsphase 2) der gymnasialen Oberstufe entwickelt. Laut dem GeR entspricht dies dem Niveau B1(-B2). Jedoch ist das Unterrichtskonzept auch für einen Grundkurs in der Q2- sowie im Unterricht der Q1-Phase einsetzbar. Während der Hospitation stellten wir fest, dass die Schüler unserer Projektklasse ein gutes Leistungsniveau hatten, in Bezug auf die mündliche Mitarbeit jedoch teilweise etwas zurückhaltend waren und Schwächen in der mündlichen Kompetenz aufzeigten. Da dies im Fremdsprachenunterricht kein rares Phänomen ist, wurde bei der Planung dieser Unterrichtseinheit der Fokus auf die Förderung der *mündlichen Kompetenz* gelegt. Diese Schwerpunktsetzung wird auch der ausführlichen Tabelle deutlich, die bei den Zusatzmaterialien auf der Ilias-Seite des Projekts zu finden ist: Die Tabelle gibt einen Überblick über die Kompetenzen, welche die entsprechenden Unterrichtsphasen zugeordnet wurden.

Was die **räumlichen Rahmenbedingungen** betrifft, waren wir insofern eingeschränkt, dass in dem Klassenraum weder einen Zugang zum Internet noch ein Beamer bereitgestellt war, weshalb wir auf "traditionelle" Unterrichtsmedien zurückgriffen: Tafel und Overheadprojektor.

Unserer Stunde ging eine von zwei Schülern gehaltene **Präsentation** zum Thema „Québec" voraus, ein besonderer Schwerpunkt lag dabei auf touristischen Aktivitäten. Diese Präsentation war in die Unterrichtseinheit zum Thema „Francophonie" eingebettet. Ziel der Unterrichtseinheit war es, den Schülern bewusst zu machen, dass das Französische auch außerhalb Frankreichs in vielen Ländern weltweit gesprochen wird. Auch geschichtliche Aspekte wurden näher erläutert. Darauf aufbauend sollte unsere Unterrichtsstunde eine Vertiefung des Themas „Tourismus in Kanada" mit sich führen, wobei in unserem Unterrichtskonzept das Augenmerk auf den Gegensatz des „tourisme de masse" und dem „écotourisme" gelenkt wird.

2.2.2 Einführung in die thematische Materie

Reisen erweitert den Horizont. Man lernt andere Länder, Kulturen und Sprachen kennen. Eine Reise kann ein Abenteuer sein, Erholung oder Anstrengung mit sich bringen sowie Neugierde wecken. Letzteres veranlasst jährlich tausende Menschen aus aller Welt, Kanadas unberührte Natur, die vielfältige Flora und Fauna, die unzähligen Seen und Berge und die weitreichenden Eisfelder zu bereisen. Kanada ist flächenmäßig nach Russland das zweitgrößte Land der Welt und misst etwa 9.984.670 km² Landesfläche (Auswärtiges Amt). Die kanadische Bevölkerung zählt etwa 36 Millionen Einwohner, die sich jedoch nur auf ungefähr einem Prozent der gesamten Fläche, überwiegend in den Ballungszentren Montreal, Vancouver und Toronto ansiedeln (Planet Wissen).

Trotz der riesigen Landesfläche und der vergleichsweise sehr geringen Zahl an Einwohnern (Bevölkerungsdichte 3,6 Personen/km^2) weist Kanada eine Vielzahl an Umwelt- und Naturproblemen, verursacht durch die Menschen – besonders durch den Tourismus – auf.

Der Geograph Prof. Dr. Bernhard Metz, der in seiner Lehre u. a. Schwerpunkte auf die Themengebiete Nordamerika und Kanada setzt, stellte im Rahmen der Ringvorlesung „Kanadische Ökologien" des Marburger Zentrums für Kanada-Studien interessante Fakten zum „Tourismus im sensiblen Ökosystem Nordkanadas" vor: Die (Kanada-)Reisenden lassen sich in drei Gruppen hinsichtlich ihrer touristischen Nutzung des Raumes unterteilen. Der ersten Gruppe gehören die Reisenden an, die das Land mit PKW, Wohnmobil oder -wagen durchkreuzen. Die nächste Gruppe subsumiert Backpacker, die mit dem Fahrrad, Kanu oder öffentlichen Verkehrsmitteln reisen, und der letzten Gruppe gehören die Kreuzfahrttouristen an, die lediglich in den kleinen Hafenorten anlegen und von dort diverse Tagesausflüge unternehmen. Während sich die Touristen der ersten und letzten Gruppe eher dem Massentourismus zuordnen lassen, tendieren die Backpacker überwiegend zu einer ökologischeren Art des Reisens, indem sie die Beeinflussung der Natur möglichst geringhalten, sich ihr bestmöglich anpassen und sie dennoch intensiv erleben.

Bei seiner Präsentation legte Prof. Dr. Bernhard Metz ein besonderes Augenmerk auf das kanadische Yukon-Territorium, das im äußersten Nordwesten des Landes liegt und in dem auf 483.443 km^2 etwa 34.000 Menschen leben (Metz). Daraus ergibt sich eine Bevölkerungsdichte von 0,077 Personen/km^2. In Deutschland sind es dagegen ca. 231 Personen/km^2.

Metz verwies in seinem Vortrag mehrmals auf die unvorstellbaren unendlichen Weiten der Landschaften, die trotz ihrer riesigen Dimensionen die steigenden Besucherzahlen nicht mehr schadlos verkraften. Während es 1987 noch unter 200.000 Besucher waren, belief sich die Zahl im Jahr 2004 schon auf etwa 380.000 pro Jahr. Drei Jahre später, 2007, wurden schließlich so viele Touristen wie noch nie zuvor gezählt – ca. 425.000. Seitdem ist ein geringer tendenzieller Rückgang an Besucherzahlen zu vermerken, der dennoch ungefähr 340.000 Personen in 2014 konstatiert (Metz). Anhand dieser Zahlen lässt sich erahnen, welche Auswirkungen dieser Massentourismus (bis zu 10 Mal mehr Touristen als Einwohner) auf das sensible Ökosystem des Yukon-Territoriums hat. Reiseagenturen werben mit immer außergewöhnlicheren Abenteuerreisen, abseits der erschlossenen Gebiete und dringen dadurch immer weiter in die Natur vor, wobei irreparable Schäden entstehen. Aber auch die herkömmlichen Touristenströme, die sich auf die vorhandenen Straßen bzw. Schotterwege (Dalton Highway und Dempster Highway) konzentrieren, stellen dennoch eine wesentliche Gefährdung für Natur und Umwelt dar:

Zum einen sind die Grundwasservorräte in der Yukon-Region sehr begrenzt, und in den Touristenhochzeiten muss zusätzlich Wasser aus großen Tiefen an die

Oberfläche gepumpt werden. Zum anderen ist die Einrichtung von standardisierten Kläranlagen im Yukon Territorium aufgrund des Permafrosts kaum möglich, und es muss auf Sickergruben ausgewichen werden, die auf lange Sicht gesehen auch problematisch sind, da die Zersetzung der organischen Stoffe in Kaltklimaregionen sehr lange dauert. Hinzu kommt außerdem, wie Metz mehrmals wiederholte, auch das Problem des Transports an Nahrungsmitteln in die dünnbesiedelte Region. Tausende Touristen wollen ernährt werden, und so kommen unzählige LKW, beladen mit Nahrungsmitteln, Wasser und Dixi-Toiletten, in die Yukon Region. Dass dadurch die schlecht präparierten Schotterstraßen und die Umwelt in Mitleidenschaft gezogen werden, ist selbstverständlich.

Nicht nur in Bezug auf Kanada, sondern ebenfalls im globalen Kontext richtet der Tourismus weitreichende Schäden an, auf die es hinzuweisen gilt. In Zeiten der sich stetig entwickelnden Globalisierung sind dem weltweiten Agieren kaum mehr Grenzen gesetzt. Auch das Reisen hat durch diesen Fortschritt eine Veränderung erfahren. Langstreckenflüge, Kreuzfahrten oder Individualreisen – das Angebot ist unersättlich. Aus diesem Grund ist es besonders wichtig, die jüngste reiselustige Generation für ein nachhaltiges und umweltbewusstes Verhalten zu sensibilisieren. In Bezug auf das Reisen heißt dies, sie mit den unterschiedlichen Arten des Reisens, einerseits dem Massentourismus, andererseits dem Ökotourismus, zu konfrontieren. Wie sich diese Sensibilisierung aktiv umsetzen lässt, soll anhand des folgenden Unterrichtsentwurfes dargelegt werden.

2.2.3 Stundenziele

Einstieg	Der Einstieg soll eine allgemeine Einführung in das Thema „Tourismus" leisten. In der vorangegangenen Stunde haben die Lernenden bereits etwas über die touristischen Attraktionen in Kanada kennengelernt. Diese erste Begegnung mit dem Thema zeigte eine wertfreie Darstellung des Tourismus. Nun sollen die SuS jedoch anhand des Bildes zum Massentourismus mit einer negativen Form des Tourismus konfrontiert werden. Die Schüler können ein Bild detailliert beschreiben, analysieren und interpretieren. Hierbei wird ein Bewusstsein seitens der Lernenden für die negativen Auswirkungen von Tourismus geschaffen.
Erarbeitungs- und Sicherungsphasen	Die Schüler lernen unterschiedliche Arten des Reisens kennen und setzen sich intensiv mit dem Massen- sowie dem Ökotourismus auseinander. Hauptaugenmerk liegt dabei auf dem „tourisme vert". Sie können den „écotourisme" definieren und anhand von Beispielen erläutern. Die Lernenden hinterfragen ihre Wahrnehmung des Reisens und nehmen Stellung zu den Möglichkeiten und Grenzen von nachhaltigem Tourismus. Abschließend werden zwei paradoxe Seiten von Kanada gegenübergestellt: Kanada als naturreiches Urlaubsziel und Kanada als Land, das schwerwiegende Umweltprobleme hat. Angesichts dieser Gegenüberstellung sollen die Schüler in der Lage sein, zu beantworten, warum nachhaltiger Tourismus für Kanada ein zentrales Thema darstellt.

Als **Minimalziel** ist für die Unterrichtseinheit angesetzt, dass die Schüler die unterschiedlichen Formen des Reisens verstehen und die beiden Tourismusformen *Massentourismus* und *Ökotourismus* in der Fremdsprache definieren können.

Um das **Maximalziel** zu erreichen, sollen sie in der Lage sein, die Verantwortung des Reisenden für die Umwelt wahrzunehmen, insbesondere mit Blick auf die Umweltverhältnisse in Kanada, und ihr eigenes Reiseverhalten zu reflektieren und dies in der Fremdsprache adäquat zu äußern.

2.2.4 Didaktische Analyse

2.2.4.1 Allgemeindidaktische Begründung

Aus dem Zeitalter der Globalisierung ist eine mobile Gesellschaft erwachsen, die Reisen als Hobby begreift. Für viele Menschen in Deutschland ist eine Reise auch in weiter entfernte Orte erschwinglich – häufig spielt bei der Auswahl des Urlaubsziels der finanzielle Aspekt eine Rolle, nicht aber die Nachhaltigkeit des Reisens. Der ökologische Fußabdruck, den jeder einzelne beim Reisen hinterlässt, wird nicht immer ausreichend berücksichtigt.

Wenn die Lernenden einerseits ermutigt werden sollen, in Länder, in der die Zielsprache gesprochen wird, zu reisen und die Zielkultur kennenzulernen, um so ihre fremdsprachlichen Fähig-/Fertigkeiten zu erproben und ihre interkulturelle Kompetenz zu erweitern; so müssen sie ebenso mit den Folgen des Massentourismus für die Umwelt konfrontiert werden.

Mit dieser Konfrontation dürfen sie natürlich nicht alleine gelassen werden, stattdessen sollen ihnen Mittel und Wege des nachhaltigen Tourismus aufgezeigt werden. Das Thema „Tourismus und Umwelt/Nachhaltigkeit“ hat **Gegenwarts- und Zukunftsbedeutung** für die Heranwachsenden – es betrifft sie unmittelbar, wenn sie selbst reisen möchten – insbesondere nach dem Abitur, wenn viele Heranwachsende ein Auslandsjahr planen, ist es wichtig, dass sie für solche Themen sensibilisiert worden sind. Die Umweltprobleme, die sich im Zusammenhang mit dem Tourismus in Kanada ergeben, stehen hier **exemplarisch** für andere Länder – das Bewusstsein der Lernenden für ihren eigenen ökologischen Fußabdruck kann ebenso auf andere Reiseziele transferiert werden. **Gegenwärtig** stoßen die Schüler in ihrem Alltag auf Nachrichten, in der über Umweltzerstörungen gesprochen wird oder sie sind selbst unmittelbar von den Folgen betroffen. Das Thema Umweltzerstörung und -probleme hat **Zukunftsbedeutung**, da jeder davon betroffen ist – auch die Schüler; denn jeder trägt Verantwortung für den Schutz unseres Planeten für die nachfolgenden Generationen.

Eine curriculurae Begründung findet sich in den Zusatzmaterialien zu diesem Kapitel im Internet.

2.2.5 Materialanalyse

Material	Chancen	Schwierigkeiten (bzw. Alternativen)	Warum dieses Material?
Folie 1 „tourisme de masse“	Das Vorwissen der Schüler zum Thema Tourismus wird aktiviert. Der visuelle Einstieg dient als Impuls und fördert die Aufmerksamkeit der Lernenden. Das Beschreiben von Bildern in der Fremdsprache ist den Schülern bereits vertraut. Auch das geforderte Vokabular ist ihnen soweit bekannt, sodass sich auch schwächere Schüler problemlos beteiligen können.	Das im Anhang genannte Beispiel unterliegt dem Copyright, sodass eine eigene Zeichnung/Collage angefertigt oder das Copyright erfragt werden muss.	Da die Schüler bereits über ein Grundwissen zu Kanada (Québec) verfügen, gilt es nun, das Thema Tourismus einzuführen, um darauf aufbauend die beiden Bereiche gedanklich miteinander zu verknüpfen.
AB 1 „Ecoreise Canada“ & AB 2 „Anti-Ecoreise Canada“	Die Schüler erhalten durch die Erarbeitung der AB (1/2) einen Einblick in zwei sehr unterschiedliche Reiseangebote. Diese sind von authentischen Quellen inspiriert. Schwer zu er-schließendes, unbekanntes Vokabular wird den Schülern bereitgestellt. Die Texte sind leicht verständlich und somit eine gute Übung, um das Gelesene in eigene Worte zu fassen. Zudem werden die Textaussagen durch visuelle Hinweise unterstützt.	Das selbst erstellte Material könnte möglicherweise für einen Leistungskurs zu anspruchslos sein. (Eine zeitaufwändigere **Alternative** würde die selbständige Recherche nach Reiseangeboten seitens der SuS mithilfe geeigneter Websites darstellen (siehe Zusatzmaterial online))	Um unterschiedliche Arten von Tourismus zu behandeln, bedarf es eines Materials, das zwei deutlich voneinander unterscheidbare Formen des Reisens präsentiert, was die beiden Texte in jedem Fall leisten. Im Fokus steht das Erfassen zweier Perspektiven des Reisens.

Material	Chancen	Schwierigkeiten (bzw. Alternativen)	Warum dieses Material?
AB 3 „Comment devient-on un écotouriste?“	Das AB soll die vorangegangen Überlegungen der Lernenden zu dem, was Öko-tourismus ausmacht, ergänzen. Die klare Struktur des Textes hilft den Schülern, sich schnell zurechtzufinden und die wichtigsten Infor-mationen eigenständig wiederzugeben. Das Material stellt eine Art „Rezept“ dar, wie man sich als Tourist umweltbewusst verhalten kann. Es bietet schon auf kleinschrittigem Niveau Handlungsoptionen an, die direkten Lebensbezug für die Jugendlichen haben. Das AB dient als Grundlage, um das eigene Reiseverhalten bzw. die eigene Einstellung diesbezüglich kritisch zu reflektieren.	Den Schülern muss verdeutlicht werden, dass nicht alle Aspekte gleichermaßen umsetzbar sind und einzelne Punkte durchaus kritisch zu betrachten sind. Denn selbst im Heimatland gelingt nicht jedem ein solch umweltbewusstes Verhalten. Die Darstellung dient als Orientierung, nicht aber als „Gesetz“ des Reisens.	Das Material bietet eine geeignete Zusammenfassung, um den Schülern die Aspekte des Ökotourismus näher zu bringen und dient als Diskussionsgrundlage für die abschließende Sicherung.
Folie 2 „écotourisme“ (siehe Anhang)	Das Schema dient als visuelle Unterstützung zur Definition von „écotourisme”. Die Schüler sollen anhand der Darstellung den Zusammenhang von Tourismus und der Umwelt erkennen – die Verbindung des Reisenden mit der Natur sowie der einheimischen Bevölkerung, die bei dieser Form des Tourismus gegeben ist.	Anstelle dieser Vorlage, könnten die Schüler ebenso ein eigenes Schema entwerfen. Dadurch hätte sowohl die Lehrkraft als auch die Schüler eine bessere Rückmeldung über das bereits erworbene Wissen zum Ökotourismus.	Die vereinfachte Darstellung dient als Veranschaulichung und erste Verständnisüberprüfung des „écotourisme” und prägt sich so visuell dargestellt leichter ein.

Achtung:

Generell sollte die Lehrkraft darauf achten, dass die ausgewählten Materialien kein „Schwarz-Weiß-Denken“ hervorrufen. Denn die Gegenüberstellung der beiden Formen „Massentourismus“ und „Ökotourismus“ könnte fälschlicherweise den Anschein erwecken, es gäbe nur diese beiden Formen von Tourismus und jeder Reisende sei entweder dem einen oder dem anderen Typ zuzuordnen. Ein solches Bild ist durch explizites Hinweisen seitens der Lehrperson aufzubrechen.

Auch ein Kennenlernen weiterer Möglichkeiten des Reisens könnte zu einem umfassenderen Blick auf das Thema Tourismus und Umwelt in Kanada beitragen (siehe auch „Alternativen“).

2.2.6 Überlegungen zur Lerngruppe

Vorwissen	In den vorangegangenen Stunden bereiteten die Schüler Präsentationen zu ausgewählten frankophonen Ländern vor, indem sie auch die historische, wirtschaftliche sowie politische Lage des jeweiligen Staates behandelt haben. Darunter wurde ebenfalls Kanada vorgestellt. Somit besitzen die Schüler bereits ein Grundwissen über Kanada (Québec), insbesondere über die landschaftliche Vielfalt Kanadas. Die Referatsgruppe nahm in diesem Kontext Bezug zum Tourismus in Québec und präsentierte in Form eines Videos das vielfältige Angebot touristischer Aktivitäten – ohne bereits eine Verknüpfung zum Umgang mit der Umwelt und Möglichkeiten von nachhaltigem Tourismus aufzuzeigen. Dies soll nun die vorliegende Unterrichtseinheit leisten.
Selbständigkeit	Die Schüler können die ihnen gestellten Aufgaben selbständig bearbeiten, selbständig gelernte Inhalte hinterfragen, sodass fruchtbare Diskussionen angeregt werden können, in denen sich die Lehrkraft zurückziehen kann.
Binnendifferenzierung	Damit schwächere Schüler zum Sprechen in der Fremdsprache ermutigt werden, ist in der Erarbeitungsphase I ein Partnerpuzzle vorgesehen, so dass jeder zum Sprechen kommt, ohne direkt vor der ganzen Klasse sprechen zu müssen. Da die Lernenden ein unterschiedliches Arbeitstempo aufweisen, gibt es die Möglichkeit bei der Ergebnissicherung II, diejenigen Gruppen, die bereits fertig sind, ihre Definitionen an die Tafel schreiben zu lassen.
Didaktische Reduktion	Die vorgenommene didaktische Reduktion passt das Thema **„tourisme vert au Canada“** bestmöglich an die Lerngruppe und den vorhandenen Zeitrahmen an. Dabei wurde der Schwerpunkt auf das Verstehen der Grundbegriffe *Massentourismus* und *Ökotourismus* gelegt. Letztere sollen zugleich die Wissensbasis für eine mögliche fundiertere Auseinandersetzung mit der Thematik bilden. Der uns zur Verfügung gestellte Stundenumfang erlaubt es nicht, eine Einführung über die Grundbegriffe des Tourismus sowie gleichzeitig die Umweltprobleme Kanadas selbständig von den Schülern erarbeiten zu lassen. Aus diesem Grund ist für den zweiten Themenbereich ein Lehrervortrag vorgesehen. Stünde mehr Zeit zur Verfügung, so wäre es gewinnbringend, dies lernerorientierter zu gestalten, indem den Schülern Materialien an die Hand gegeben werden, wodurch sie sich selbständig mit den durch den Tourismus verursachten Umweltproblemen in Kanada auseinandersetzen können.

2.2.7 Tabellarischer Überblick

Unterrichts-phase	Inhalt/Vorgehen	Ziel der Phase (Kompetenzen)	Sozialform/ Methode	Medium/Material	Zeit
Einstieg	SuS beschreiben das mit dem Overhead-Projektor projizierte **Bild**. Aussagen der SuS werden an der Tafel stichpunktartig in Form einer **Mindmap** gesammelt. Der dazu passende Oberbegriff „**tourisme de masse**" soll durch gezielte Fragen an die SuS erarbeitet werden (*Quel effet évoque l'image chez vous? À votre avis, quelle était l'intention de l'artiste?, etc.*) Erstellte Mindmap wird in der zweiten Stunde wieder aufgegriffen.	Einführung in das Thema Tourismus; Konfrontation mit dem Thema Massentourismus. SuS können ein Bild in der Fremdsprache beschreiben, analysieren und interpretieren. SuS erkennen die möglichen negativen Auswirkungen von Tourismus.	L-S- Gespräch	Folie mit Abbildung „Massentourismus", Tafel	10 Min.
Erarbeitung I a	SuS werden in zwei Gruppen aufgeteilt. Es gibt zwei unterschiedliche Textdokumente (siehe Anhang: **Reiseangebote**). Am Ende der Erarbeitungsphase I (a+b) sollen alle SuS beide Reiseangebote kennengelernt haben.	Kennenlernen eines Reiseangebots. Das Leseverstehen der SuS wird geschult. Die SuS können einen ubekannten Text verstehen und in eigenen Worten wiedergeben.	Einzelarbeit Zusätzlich auch möglich: Austausch mit dem Sitznachbarn nach der Lektüre.	Texte (AB 1/2)	10-15 Min.
	Erarbeitung des jeweiligen Textes in Einzelarbeit. (*1. Lisez attentivement l'annonce du voyage. Prenez des notes et préparez une présentation courte de cette annonce*).		Lehrer steht für Rück- und Verständnisfragen zur Verfügung.		

Unterrichts-phase	Inhalt/Vorgehen	Ziel der Phase (Kompetenzen)	Sozialform/ Methode	Medium/Material	Zeit
Erarbeitung I b	Vorstellung der eigenen Reise an einen Schüler der anderen Gruppe. Austausch über Reiseinformationen und Rückfragen stellen (*2. Trouvez un partenaire de l'autre groupe et vous vous présentez l'un après l'autre vos offres*).	Präsentieren der eigenen Annonce und Verstehen der Annonce des/der Partners/in. Dabei wird die mündliche Kommunikation gefördert. Durch das Zuhören und das anschließende Wiedergeben des Gehörten wird das Hörverstehen geschult.	Partnerarbeit	Texte (AB 1/2) + eigene Notizen	10 Min.
Ergebnis-sicherung I	Im Klassenverbund erklären, wie jeweils andere Reise aussieht und die Unterschiede der beiden Reisen herausarbeiten. *Quel voyage choisirez-vous et pourquoi?* *Qu'est-ce qui sont les différences entre ces deux voyages?*	Die Klasse ist mit beiden Reiseangeboten vertraut. SuS sind in der Lage, die Präsentation des Partners in eigene Worte zu fassen. SuS können die Unterschiede der beiden Angebote benennen und anhand des Textes belegen. Die mündliche Kompetenz wird gestärkt.	Plenum	Notizen	10 Min.
Ergebnis-sicherung II	Vergleich der Definitionen. Einige SuS lesen ihre Definition vor, andere kommentieren und ergänzen. (Mögliche Differenzierung: schnelle SuS schreiben ihre Definitionen an die Tafel. Es folgt ein Vergleich (unterstreichen der gemeinsamen Elemente und Ergänzungen).)	Formulierung einer gemeinsamen Definition von écotourisme. Die SuS vergleichen ihre Definitionen und sind in der Lage, Unterschiede und Gemeinsamkeiten festzustellen. Die schriftliche sowie die mündliche Kompetenz werden gestärkt.	Plenum	AB 3 (Tafel)	5 Min.

Unterrichtsphase	Inhalt/Vorgehen	Ziel der Phase (Kompetenzen)	Sozialform/ Methode	Medium/Material	Zeit
Abschließende Sicherung	Folie „écotourisme“ auflegen, um die Hauptaspekte des écotourisme nochmals herauszustellen. Befragung der SuS, welche der beiden vorgestellten Reisen sie dem écotourisme zuordnen würden. (Voyez-vous des aspects / faits de l'écotourisme dans un des deux voyages?) Diskussion: Pourriez-vous vous imaginer de faire un voyage selon le Modèle d'écotourisme? (Quelles sont les difficultés liées à cette manière de voyager?)	Veranschaulichung zum Konzept des „écotourisme“. Die SuS entwickeln eine eigene, gut begründete Haltung zu den vorgestellten Reiseangeboten. Sie sind in der Lage ihr eigenes Reiseverhalten zu reflektieren und sich aktiv an der Diskussion im Plenum zu beteiligen. Hinterfragung der zuvor eingenommenen Perspektive durch neu erworbenes Wissen. Förderung der mündlichen Kompetenz.	Plenum	Notizen, Folie	10 Min.
Hausaufgabe	Kurzer Input von Seiten des Lehrers (siehe Kapitel 1: Einführung in die thematische Materie) in Bezug auf Umweltverhältnisse in Kanada. HA: Ecrivez un petit texte (une demi-page) en répondant à la question: Pourquoi le sujet de l'écotourisme est très important pour le Canada?	Schulung des Hörverstehens durch den Lehrervortrag. Kreatives, argumentatives Schreiben wird in der Hausaufgabe gefördert.			
Reflexion	S füllen Feedback-Bogen aus.	Rückmeldung für L	Einzelarbeit		5 Min.

Lernprodukte:

Im Laufe der beiden Schulstunden sind demnach verschiedene Lernprodukte entstanden:

- Beginnend bei der Mindmap zur ersten Folie (Massentourismus), die die wesentlichen Merkmale dieser Tourismusform auf den Punkt bringt.
- Gegenüberstellung (mittels unterschiedlicher Dokumente) zweier unterschiedlicher Reisemodelle und Ableitung des Begriffs "écotourisme"
- Ausarbeitung der Definitionen zum Ökotourismus

2.2.8 Reflexion und Feedback der Lerngruppe

Eine ausführlichere Reflexion der praktischen Erprobung dieses Unterrichtskonzeptes, mit Hinweisen und Tipps, sowie die Ergebnisse des Feedbackbogens der Projektklasse finden Sie in den Zusatzmaterialien auf der Ilias-Website-:

2.2.9 Lösungsschlüssel

In diesem Kapitel werden die Lösungen zu den in unserem Unterrichtsprojekt durchgeführten Aufgaben dargestellt. Die jeweiligen Tabellen subsummieren die Kompetenzbeschreibungen nach Niveaus (Mindest-, Regel- und Expertenstandard).

Einstieg:

Bei der als Einstieg dienenden **Folie zum Massentourismus** sollten im Zuge der Bildbeschreibung bestimmte Begriffe erarbeitet werden. Diese werden in Form einer Mindmap um den leeren Kreis, in den im besten Fall durch gemeinsames Erarbeiten der Begriff „tourisme de masse“ eingetragen wird, angeordnet. Mögliche Lösung:

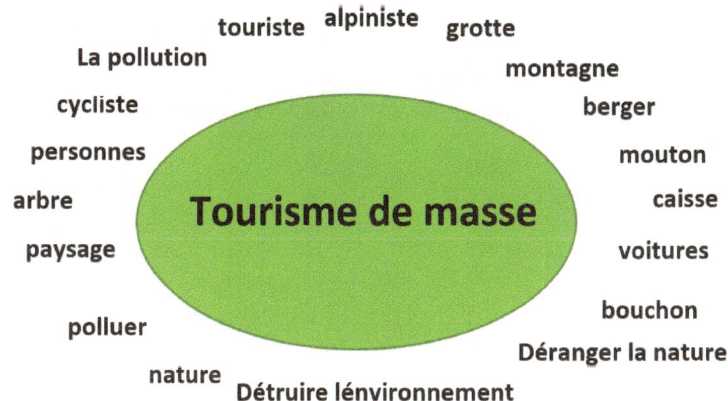

Bild: Vonderschmitt mit Girard und Wagner.

Mindeststandard	Alle Schüler sollen die wesentlichen Kriterien für eine Bildbeschreibung kennen und anzuwenden wissen. Ein Basisvokabular wird dabei vorausgesetzt.
Regelstandard	Alle Schüler sollen durch umfangreiches Vokabular in der Lage sein, alle wesentlichen Bestandteile des Bildes umfangreich benennen zu können. Der Überbegriff des Massentourismus soll mit Hilfe des Lehrers erarbeitet werden.
Expertenstandard	Die Herausarbeitung des Begriffs „tourisme de masse" wird anhand von Vorwissen ohne weitere Hilfestellungen des Lehrers erarbeitet.

Die **Ergebnissicherung I** soll die wesentlichen Unterschiede beider Reisen hervorheben:

Canada – nature et aventure	Canada – un tour du Québec
des contacts authentiques avec les indigènes logement dans des auberges transports en commun observation des baleines en bateau les villes de Québec et de Montréal visite des paysages sauvages	pas de contact mentionné logement dans des hôtels voiture privée type américain observation des baleines en hydravion 3 grandes villes: Montréal, Québec, Ottawa visite des régions différents et des parcs animaliers

Mindeststandard	Die Schüler verstehen, dass es sich um geplante Rundreisen in Kanada handelt.
Regelstandard	Die Schüler vergleichen beide Angebote miteinander und erarbeiten die wesentlichen Unterschiede.
Expertenstandard	Die Schüler erarbeiten wesentliche Unterschiede und sind sich der Tatsache bewusst, dass die beiden Reisen stellvertretend für die Modelle des Massentourismus bzw. des Ökotourismus stehen.

An der Stelle der **Erarbeitung II** sollen die Schüler auf Grundlage der zuvor erarbeiteten Informationen eigenständig Definitionen zum Begriff „écotourisme" erstellen.

Mindeststandard	Die Schüler sollen in der Lage sein, wesentliche Grundzüge des Ökotourismus aus den zugrundeliegenden Dokumenten herauszuarbeiten.
Regelstandard	Die Schüler sollen wesentliche Aspekte des Ökotourismus benennen und mit Hilfe der Dokumente zu einer Definition zusammenfassen können.
Expertenstandard	Die Schüler erarbeiten eigenständig, welche die wesentlichen Elemente des Ökotourismus sind und können diese im Rahmen einer Definition zusammenfassen.

Abschließende Sicherung:

Um sicherzustellen, dass alle Schüler die Thematik verinnerlicht haben, wird an dieser Stelle abschließend die Folie „écotourisme" herangezogen.

Hauptaspekte des Ökotourismus:

- L'écotourisme se compose de plusieurs éléments
- Chaque élément est dépendant d'un autre

- Trois facteurs: visiteur – habitant local – milieux naturels sont liés
- Un cycle
- …

Mittels der **Hausaufgabe** soll gewährleistet werden, dass die Lerngruppe sich noch einmal intensiver mit den im Unterricht aufgegriffenen Aspekten befasst. Zwei angefertigte Hausaufgaben von Schülern sind als Beispiel online in den Zusatzmaterialien zu finden.

2.2.10 Anhang: Unterrichtsmaterialen

Folie „tourisme de masse"

Beispiel:

Ellrich, Mirko: „Infoblatt Massentourismus. Entwicklung, Formen, Folgen und Zukunft." Zeichnung von Butz. *TERRA GSE 8 Geschichte Sozialkunde Erdkunde*. TERRA GSE-Online. Klett-Verlag, Leipzig: 11.06.2012. http://www2.klett.de/sixcms/list.php?page=infothek_artikel&extra=TERRA%20GSE-Online&artikel_id=93563&inhalt=klett71prod_1.c.149844. de 22.02.2017.

Folie „écotourisme" (Mit freundlicher Genehmigung der Association Marocaine pour l'écotourisme et la protection de la nature)

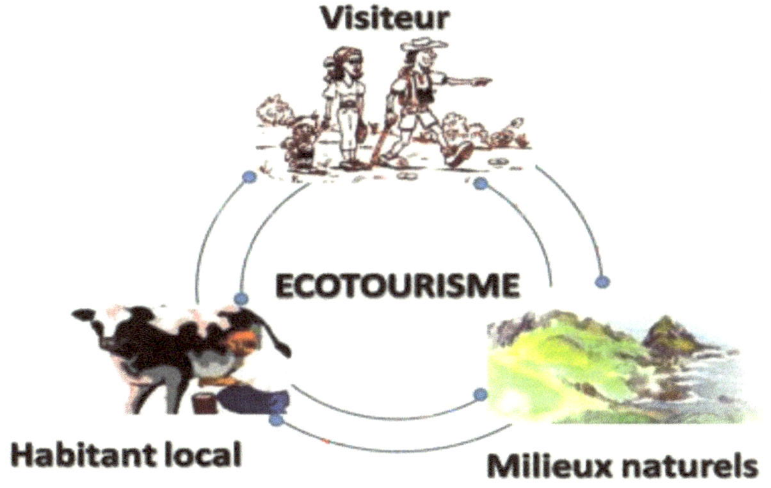

AB 1:

Canada – nature et aventure[7]

Le voyage en résumé (durée: 11 jours, prix: 2050€ p.p.)

Forêts d'érables et de conifères, lacs isolés et bleus comme le ciel, rivières aux eaux cristallines dans lesquelles s'ébattent le saumon et la truite... Des contatcs authentiques avec les indigènes dans les logements ou dans les auberges font partie de votre voyage. En randonnée, une rencontre avec un animal mythique n'est pas rare: orignal, ours, castor, caribou... L'excursion en bateau garantit un moment exceptionnel en observant les baleines. Le Canada c'est aussi la culture québécoise, à la fois si américaine et si francophone. Les villes de Québec et de Montréal, foisonnés de cultures, d'architectures et d'une vie artistique mettront tous vos sens en éveil. Les allers-retours entre les différents lieux seront effectués en transports en commun. Pour les sportifs: Il y a la possibilité de parcourir une partie des distances en vélo ou en canoë ! L'Est canadien étonne par sa nature riche, ses habitants ouverts et sa culture multicolore. Venez avec nous pour la découverte d'une province unique et un voyage riche en moments inoubliables tout en vivant une experience authentique !

Vocabulaire:

forêts d'érables et de conifères: Ahorn- und Nadelwälder

le saumon: der Lachs

la truite: die Forelle

un indigène: ein Einheimischer

un orignal: der Elch

le castor: der Biber

le caribou: große Rehart, kleiner als ein Elch

la baleine: der Wal

foisonner de qc.: an etw. reich sein/Überfluss an etwas haben

mettre les sens en éveil: alle Sinne wecken

---

[7] Teilweise übernommen und adaptiert von voyageons-autrement.com: „Québec, aventure nature – randonnée Canada", Reiseangebot von La Balaguère: http://www.voyageons-autrement.com/voyage-labalaguere/50579549505156. 07.03.2017.

Exercices:

1. Lisez attentivement l'annonce du voyage. Prenez des notes et preparez une présentation courte de cette annonce.
2. Trouvez un partenaire de l'autre groupe et présentez-vous l'un après l'autre vos offres.

AB 2

Canada – Un tour du Québec

Le voyage en résumé (durée: 11 jours, prix: 2459€ p.p.)[8]

Un circuit très complet (bon rapport qualité-prix) qui vous permet de visiter les grandes villes de l'Est du Canada. Québec, la ville francocanadienne par excellence, Montréal, la ville multicolore et multiculturelle, et Ottawa, la capitale du Canada. Les villes sont connues pour leurs vies riches d'art, musique, culture, histoire et restaurants. Mais aussi la campagne avec ses champs, chaines de montagnes et les parcs nationaux avec leur nature riche d'animaux et de forêts d'érables sont à explorer ! Pour vivre la liberté et l'expérience nord-américaine, prenez la moto et allongez la côte du fleuve St. Laurent et les grandes routes des parcs. Surtout les régions comme la Mauricie, le Lac St-Jean, le Saguenay, Charlevoix, les Laurentides et l'Outaouais, sans oublier l'expérience inoubliable de voir les baleines à Tadoussac, vont vous étonner ! Une aventure extraordinaire vous attend ici: l'observation des baleines et la vie dans le fleuve Saint-Lorent en hydravion !
Après ces aventures, vous êtes invités de relaxer dans les grands centres de bien être avec des saunas, piscines et massages. Vos hôtels de ****-étoiles vous offrent tout le confort et luxe pour terminer agréablement vos journées. Pendant tout le voyage une voiture type américain sera mise à votre disposition pour les trajets prévus et pour vos excursions privées. Les trajets de longue distance seront faits en avion. Les villes hallucinantes, la nature magnifique et la culture québécoise – venez avec nous sur un circuit qui vous présente toutes les richesses du Québec !

[8] Inspiriert und teilweise adaptiert von cariboutravel.be: „Un tour du Québec économique. Montréal, Québec, Ottawa et le Lac St. Jean" 07.03.2017.

Vocabulaire:

le circuit: Rundreise

le champ: das Feld

la côte du fleuve: das Ufer des St. Lorenz-Stroms

la baleine: Wal

un hydravion: Wasserflugzeug

le centre de bien être: Wellnessbereich

le trajet: Strecke, Weg

Excercices:

1. Lisez attentivement l'annonce du voyage. Prenez des notes et préparez une présentation courte de cette annonce.
2. Trouvez un partenaire de l'autre groupe et présentez-vous l'un après l'autre vos offres.

Comment devient-on un „écotouriste"?[9]

Voilà par thèmes, des conseils pour un tourisme vert, à appliquer sans modération, dans la mesure du possible.

Votre lieu de séjour:

- Recherchez des établissements certifiés durable. Le site „tourisme-éco-lobio" peut vous aider à mieux comprendre les labels et à trouver des établissements.
- Réutilisez les serviettes ou draps de l'hôtel au lieu d'en prendre de nouveau tous les jours.
- Débranchez tous les appareils en veille lorsque vous quittez votre chambre d'hôtel.
- Amenez vous-même vos produits de toilette et brosse à dents au lieu d'utiliser ceux placés en option par l'hôtel.

---

9 Source: bio à la une: Maman, c'est quoi l'écotourisme. Bioalaune.com. Publié le 26.07.2012. http://www.bioalaune.com/fr/actualite-bio/5536/maman-cest-quoi-lecotou risme. 07.03.2017.

Votre alimentation:

- Optez pour une cuisine locale qui n'importe aucun produit de l'étranger.
- Évitez de manger dans des endroits avec assiettes / couverts jetables.
- Soutenez des marchés de producteurs ou l'épicerie locale.
- Préférez la nourriture biologique qui respecte le commerce équitable.

Votre déplacement:

- Évitez au maximum de prendre l'avion, surtout pour les petits trajets.
- Si vous louez une voiture, optez pour un modèle hybride.
- Utiliser les transports en commun.
- Marchez partout où vous le pourrez.

Votre visite:

- Respectez les populations locales en vous renseignant, avant de partir, sur leur mode de vie afin de favoriser les échanges culturelles.
- Ne touchez qu'avec les yeux. Respectez l'environnement, les habitations et monuments.
- Prenez des photos et ne laissez derrière vous que vos empreintes de pas.
- Si vous partez à l'étranger, apprenez quelques mots dans la langue du pays. Un simple bonjour peut faire des merveilles.
- Achetez des souvenirs chez les artisans locaux.
- Assistez à des évènements populaires pour rendre votre voyage plus authentique et soutenir l'économie locale.
- Payer à un prix honnête. N'essayez pas forcement de réduire la facture au minimum.

Ces conseils sont nombreux. Ils demandent un effort personnel afin d'être respectés, car l'écologie est une affaire collective.

Vocabulaire:

durable: nachhaltig

débrancher: ausstecken, ausschalten

l'alimentation (f.): Ernährung

opter pour qc: sich für etw. entscheiden, etw. wählen

une épicerie locale: heimisches/ortsansässiges Lebensmittelgeschäft

le commerce équitable: gerechter Handel, Fair Trade

la contraction „voiture-hybride" désigne l'association moteur thermique et véhicule électrique.

afin de: pour

favoriser: fördern, begünstigen

une empreinte de pas: Fußabdruck

faire des merveilles: Wunder vollbringen

un/e artisan/e: Handwerker/in

la facture: Rechnung

2.2.11 Literatur- und Quellenverzeichnis

Vortrag:

Metz, Bernhard. „Tourismus im sensiblen Ökosystem Nord-Kanadas.“ Ringvorlesung *Canadian Ecologies.* Philipps-Universität Marburg. 24.05.2016. Vortrag.

Web-Literatur:

Auswärtiges Amt. „Kanada.“ *Außen- und Europapolitik. Länderinformationen.* November 2016. http://www.auswaertiges-amt.de/DE/Aussenpolitik/Laender/Laenderinfos/01-Nodes_Uebersichtsseiten/Kanada_node.html. 03.8.2016.

La Balaguère. „Québec, aventure nature - randonnée Canada.“ http://www.labalaguere.com/quebec_aventure_nature.html 01.08.2016.

Bioàlaune. „Maman, c'est quoi l'écotourisme?“ *Bio à la Une,* Actus/Environnement/Planète. 26.07.2012. http://www.bioalaune.com/fr/actualite-bio/5536/maman-cest-quoi-lecotourisme 1.08.2016.

Bundeszentrale für politische Bildung. „Think-Pair-Share.“ *Lernen.* 14.11.2012. http://www.bpb.de/lernen/grafstat/grafstat-bundestagswahl-2013/148908/think-pair-share 8.08.16.

Caribou Travel Canada & USA: „Un tour du Québec économique“ Fly & Drive. Voyages au Canada. *Cariboutravel.be* http://www.cariboutravel.be/circuit-vacances-30.html 29.07.2016.

Europarat. „Sprachniveau.“ *GER* (Gemeinsamer Europäischer Referenzrahmen für Sprachen): http://www.europaeischer-referenzrahmen.de/ sprachniveau.php 08.08.16.

Frick, Lothar (Hg.). „Gegen den Strich - Karikaturen zu zehn Themen. “ *Zeitschrift für die Praxis der politischen Bildung. Politik & Unterricht.* 3/4-2005. Landeszentrale für politische Bildung Baden-Württemberg. http://www.politikundunterricht.de/3_4_05/karikaturen.pdf 02.08.2016.

Help Exchange: “Welcome to Help Exchange (HelpX).” https://www.helpx.net/ 4.08.2016.

Hessen, Kultusministerium (2016): *Kerncurriculum. Gymnasiale Oberstufe. Französisch.* https://kultusministerium.hessen.de/sites/default/files /media/kcgo-f.pdf 4.08.16.

Planet Wissen. „Nordamerika. Kanada.“ *WDR/ARD.* http://www.planet-wissen.de/kultur/nordamerika/kanadas_natur/index.html 7.2.2017

L'oiseau Rose. Le blog voyage qui vous aide à voyager: http://oiseaurose.com/ 10.08.2016.

Stéphanie: „5 chansons qui parlent d'écologie“ *ecoloquest*. http://blog.ecoloquest.net/5-chansons-qui-parlent-ecologie/ 10.8.2016.

Tourisme Québec. „Le voyage spectaculaire d'un touriste aveugle au Québec“ *Youtube.de* 31.03.2016. https://www.youtube.com/watch?v=QlLnj_XpdiI 4.08.2016.

WWOOF (World Wide Opportunities on Organic Farms). Live and Learn On Organic Farms. http://wwoofinternational.org/ 04.08.2016.

Planet Wissen. „Nordamerika. Kanada.“ *WDR/ARD*. http://www.planet-wissen.de/kultur/nordamerika/kanadas_natur/index.html 7.2.2017

Bildquellen:

Folie écotourisme: *Association Marocaine pour l'Ecotourisme et la Protection de la Nature (AMEPN)*: „Écotourisme, c‘est quoi?. Ecotourisme... concepts et definitions“ https://amepn.fr.gd/ECOTOURISME%2C-C-h-EST-QUOI-f-.htm 25.08.2016.

Logo des établissements certifiés: biolaune: „Maman, c'est quoi l'écotourisme?“ *Bio à la Une*, Actus/Environnement/Planète. 26.07.2012. http://www.bioalaune.com/fr/actualite-bio/5536/maman-cest-quoi-lecotourisme. 1.08.2016.

Logo *L'Alliance Éco-Baleine*: http://www.eco-baleine.ca/. 25.08.2016.

Folie Massentourismus: Ellrich, Mirko: „Infoblatt Massentourismus. Entwicklung, Formen, Folgen und Zukunft.“ Zeichnung von Butz. TERRA GSE 8 Geschichte Sozialkunde Erdkunde. TERRA GSE-Online. *Klett-Verlag*, Leipzig: 11.06.2012. http://www2.klett.de/sixcms/list.php?page=infothek_artikel&extra=TERRA%20GSE-Online&artikel_id=93563&inhalt=klett71prod_1.c.149844.de 22.02.2017.

AB 1 (Reiseangebot):

Frau mit Karte: Alehidalgo: Reise Tourist. *Pixabay.com.* September 2016. https://pixabay.com/de/reisen-tourist-tourismus-urlaub-1602717/ 09.03.2017. CC0-Lizenz.

ErikaWittlieb. Native Canadians. *Pixabay.com.* 05.08.2015. https://pixabay.com/de/totempfahl-aborigines-natur-872357/ 09.03.2017. CC0 Lizenz.

Tpsdave. Wiese Hirsch Elch. *Pixabay.com.* Januar 2017. https://pixabay.com/de/north-carolina-wiese-hirsch-elch-1872517/ 09.03.2017. CC0-Lizenz.

Myeviajes. Montreal Kanada. *Pixabay.com.* November 2016. https://pixabay.com/de/montreal-kanada-reisen-nordamerika-1740793/ 09.03.2017. CC0-Lizenz.

NTawa. Natur Lake Sun. *Pixabay.com*. 26.01.2016. https: //pixabay.com/de/natur-lake-sun-landschaft-wolke-1156632/ 09.03.2017. CC0-Lizenz.

Skeeze. Buckelwal. *Pixabay.com*. Dezember 2017. https://pixabay.com/de/buckelwal-verletzung-f%C3%BCtterung-1744273/09.03.2017. CC0-Lizenz.

werner22brigitte. Bär. *Pixabay.com*. 05.10.2012. https://pixabay.com/de/b%C3%A4r-jungtier-schwarz-kopf-essen-59535/ 09.03.2017. CC0-Lizenz.

762090. Québec Burg Frontenac. *Pixabay.com*. 11.02.2015. https://pixabay.com/de/qu%C3%A9bec-burg-frontenac-fluss-629816/ 09.03.2017. CC0-Lizenz.

AB 2 (Reiseangebot):

AlainAudet. Wasserflugzeug. *Pixabay.com*. November 2016. https://pixabay.com/de/wasserflugzeug-herbstliche-landschaft-1743554/ 09.03.2017. CC0-Lizenz.

Clker-Free-Vector-Images. Flagge Quebec. *Pixabay.com*. 11.04.2012. https://pixabay.com/de/flagge-quebec-fleurdelise-28555/ 09.03.2017. CC0-Lizenz.

DEZALB. Kanada Ottawa Parlament. *Pixabay.com*. 09.02.2016. https://pixabay.com/de/kanada-ottawa-parlament-denkmal-1184243/ 09.03.2016. CC0-Lizenz.

Diapicard. Spa Handtücher. *Pixabay.com*. November 2016. https://pixabay.com/de/spa-handt%C3%BCcher-gesundheit-1800394/ 09.03.2017. CC0-Lizenz.

Skeeze. Montreal Skyline. *Pixabay.com*. 04.08.2015. https://pixabay.com/de/montreal-skyline-stadt-kanada-865436/ 09.03.2017. CC0-Lizenz.

TesaPhotography. Dessert Kanada. *Pixabay.com*. September 2016. https://pixabay.com/de/dessert-kanada-tag-ahorn-sirup-1639779/ 09.03.2017. CC0-Lizenz.

Quinntheislander. Standseilbahn Touristen Quebec. *Pixabay.com*. 13.08.2015. https://pixabay.com/de/standseilbahn-touristen-quebec-881585/ 09.03.2017. CC0-Lizenz.

2.3 Die Problematik der Ölausbeutung auf Anticosti und die Wirkung von Lied und Dokumentarfilm

9. Klasse (Niveau B1)

90 Minuten

von Felix Prehn

Titelbild: „Poster du film." Anticosti le film. *Anticosti.naturequebec.org* http://anticosti.naturequebec.org/wp-content/uploads/2014/04/Anticosti_poster_1_HD.jpg 09.03.2017. Mit freundlicher Genehmigung von "Rapide Blanc."

2.3.1 Die Lerngruppe und Rahmenbedingungen

Dieses Unterrichtskonzept wurde für eine 9. Klasse Französisch des Landschulheims Steinmühle in Marburg entworfen.

Die Raumausstattung des Unterrichtsraums ist, wie auch in der ganzen Schule ausgezeichnet: Es gibt sowohl eine Tafel sowie ein *white board* und einen PC mit Beamer. Durch dieses hohe Niveau der Ausstattung, war es mir möglich, mein Projekt an diese räumlichen Ausstattungsverhältnisse anzupassen und diese zu nutzen.

2.3.2 Einführung in die thematische Materie

Umweltzerstörung und Umweltverschmutzung gehören zu unserem alltäglichen Leben dazu. Die UN-Konferenz hat sich auf eine maximale Erderwärmung von zwei Grad geeinigt und dies völkerrechtlich verankert. (vgl. bmub: „Klimakonferenz in Paris“) Damit haben sich alle Völker verpflichtet, umweltschonend zu wirtschaften. Jedoch zeigt sich immer wieder das Konfliktpotenzial zwischen den ökologischen und ökonomischen Interessen. Ein besonders deutliches Beispiel liefert uns dafür der Fall der potenziellen Ausbeutung des Öls in Anticosti. Die Problematik der potenziellen Ausbeutung der Ölbestände in Anticosti macht der gleichnamige Dokumentarfilm **Anticosti - la chasse au pétrole extrême** von Dominique Champagne deutlich. Er legt den Diskurs über die Ausbeutung des Öls dar und verdeutlicht die Interessenlage der konkurrierenden Gruppen von Anticosti. Er zeigt zudem die Gefahren für die Umwelt sowie für den Menschen auf. Dieser Film ist 2014 erschienen und hat einen Teil dazu beigetragen, dass die Ausbeutung des Öls und die Erkundung des Terrains noch nicht stattfanden. Es ist anzunehmen, dass es sich auf der Insel zum Hauptteil um Schieferöl handelt, welches durch die „Fracking-Methode“ zu Tage gefördert werden muss und wahrscheinlich gravierende Konsequenzen für die Umwelt haben wird (siehe Dokumentarfilm: Champagne: „Anticosti -La chasse au pétrole extrême“ und Artikel: Drolet: „Le pétrole de schiste dur Anticosti“).

Um weiterzugehen, könnten die in den Medien berichteten kanadischen Waldbrände ebenfalls ein Anschlusspunkt geben. [10]

---

10 Zum Weiterlesen über diese Problematik empfehlen sich Zeitungsartikel aus Kanada, wie z.B.: SudOuest.fr avec AFP: „Canada: les immences incendies toujours inctrôlables à Fort McMurray.“ Sudouest.fr 18.05.2016, 22.05.2017. oder: Ludovic Hirtzmann, „Incendie au Canada: Un mois en enfer.“ letelegramme.fr 1.06.2016. http://www.letelegramme.fr/monde/incendie-canadien-la-bete-resiste-01-06-2016-11089533.php 22.05.2016.

Die apokalyptischen Konsequenzen der menschlichen Gier und der Umweltzerstörung werden in dem Lied „**Plus rien**“ von den Cowboys fringants thematisiert. Diese Band ist mit 800.000 verkauften Alben eine der berühmtesten Musikgruppen Québecs und ist auch außerhalb Québecs in der französischsprachigen Welt bekannt.[11]

Es ist wichtig, wie auch schon in meiner persönlichen Motivation beschrieben, den Unterricht inhaltlich zu öffnen, damit eine reine Fokussierung auf Frankreich vermieden wird. Gerade die französischsprachige Welt sollte in einer durch die Globalisierung geprägte Welt mehr in den Mittelpunkt des Französischunterrichts geraten, wie in diesem Fall die „Enklave“ Québec.

2.3.3 Ziel- und Kompetenzformulierungen

2.3.3.1 Stundenziele

Da das Thema sehr komplex ist und je nach Lerngruppe verschiedene Aspekte in den Vordergrund stellt, ist die Differenzierung zwischen einem Minimalziel, einem Normalziel und einem Maximalziel notwendig.

Minimalziel: Die Schülerinnen und Schüler können Québec geographisch einordnen und einige Besonderheiten der Sprache feststellen (anhand des Textes). Zudem kennen die SchülerInnen die Problematik der Ölförderung auf Anticosti. Die SchülerInnen können den Unterschied nach dem ersten und dem zweiten Vorspielen des Liedes darstellen und darlegen, inwiefern sich die Wahrnehmungsebenen sich unterscheiden bzw. sich ähneln. Die SchülerInnen können das Lied im Ganzen durch die Ergebnisse der Arbeitsgruppen verstehen und die Intention des Liedes darlegen. Die SchülerInnen können sich in Gruppen auf wenige Begriffe festlegen und erklären, warum sie genau diese Begriffe ausgewählt haben. Die SchülerInnen können ihre Ergebnisse vor den anderen vortragen und ihre Ergebnisse in jeweils einem Satz zusammentragen.

Normalziel: Zu den zu erlangenden Kompetenzen des Minimalziels kommt die Einordnung des Trailers des Dokumentarfilms „Anticosti - La chasse au pétrole extrême“ und eine erste Wahrnehmung des Trailers hinzu.

---

[11] Für mehr Information über die Band siehe: Les Cowboys fringants: Biographie. Kein Datum. http://www.cowboysfringants.com/?cat=6 22.05.2017.

Die SchülerInnen können die Bilder des Trailers beschreiben und eine Verbindung zum Lied herstellen. Die SuS erkennen anhand der Bilder die Gefahren für die Umwelt (Mensch und Natur) von Anticosti. Die SchülerInnen können erste Hypothesen formulieren hinsichtlich der verschiedenen Wirkung von Dokumentarfilm und Lied.

Maximalziel: Das Maximalziel erweitert das Normalziel dahingehend, dass zusätzlich zum Trailer zwei weitere Ausschnitte des Dokumentarfilms gezeigt werden, um den Unterschied zwischen der Wirkung und der Intention des Liedes und des Dokumentarfilms zu verdeutlichen. Die SchülerInnen können anhand von verschiedenen Szenen des Dokumentarfilms und verschiedener Liedausschnitte aufzeigen, warum die Wirkung des Films und des Liedes verschieden sind, obwohl sie ein gleiches Ziel verfolgen. Sie können begründete Thesen über die Intention eines Dokumentarfilms und eines Liedes auf der Metaebene formulieren.

2.3.3.2 Kompetenzen nach den Bildungsstandards

Das vorliegende Unterrichtskonzept fördert die fachlichen Kompetenzbereiche wie unter anderem die Fertigkeiten Hören, Sprechen, Schreiben, als überfachliche Kompetenzen wie zum Beispiel Methoden-, Analyse- sowie Sozialkompetenzen. Eine detaillierte Überischt der in diesem Unterrichtskonzept geförderten und geforderten Kompetenzen, angelegt an den Bildungsstandards der KMK für die 9. Klasse Gymnasium finden sich auf der Ilias-Website.

2.3.4 Didaktische und methodische Analyse

Dieses Kapitel analysiert sowohl die didaktische, als auch die methodische Komponente des Unterrichtskonzeptes und -versuches.

2.3.4.1 Didaktische Analyse

Zur didaktischen Analyse gehören auch die Analyse nach den Klafkischen Kriterien. Diese, sowie eine Einordung in das hessische Curriculum für den Französischunterricht, finden sich auf der Ilias-Website.

Im Folgenden werden das Thema sowie die Auswahl des Materials didaktisch begründet.

2.3.4.1.1 Begründung des Themas

1. Die Opposition zwischen Umweltschutz und Umweltausbeutung ist durch den Kapitalismus gewachsen[12]. In diesem Sinne ist es wichtig, dass die SchülerInnen sich mit diesem Thema befassen und den Diskurs nachvollziehen können. Dieses Thema greift direkt in die eigene derzeitige Lebenswelt der SchülerInnen, als auch in deren zukünftige Lebenswelt, ein.

2. Mit der Fokussierung auf Québec, lernen die SuS zudem einen neuen Teil der Francophonie kennen und erkennen, dass es nicht nur ein „Standardfranzösisch" gibt, sondern verschiedene Varietäten und Umsetzungen der Sprache in verschiedenen Kulturkreisen vorherrschen.

3. Mit der Auseinandersetzung in Hinblick auf die verschiedenartige Wirkung von Lied (bzw. „Clip") und Dokumentarfilm werden die SchülerInnen für die Intention verschiedener Medien sensibilisiert und können in ihrer medialen Lebenswelt das Gelernte anwenden, da sie stets damit konfrontiert (omnipräsente Medienlandschaft) sind.

2.3.4.1.2 Materialanalyse

Dieser Unterpunkt begründet die Materialauswahl und zeigt die Chancen und Schwierigkeiten des Materials auf.

Um den Konflikt zwischen der Ökologie und der Ökonomie den Schülern und Schülerinn deutlich und verständlich zu machen, wird dies hier exemplarisch an einem spezifischen Problem aufgezeigt: die poenzielle Ausbeutung des Öls auf Anticosti. Hierfür werden in den verschiedenen Unterrichtsphasen verschiedene Materialien benutzt.

Material	**Begründung**	**Schwierigkeiten / Potenzial**
Powerpoint-präsentation (Material 1)	Einführung in das Thema (durch die PPP) notwendig, da die SchülerInnen Anticosti und Québec erst einmal einordnen müssen.	Es muss darauf geachtet werden, dass die thematische Einführung gelingt. Bei schwachen Fremdsprachenkenntnissen seitens der SchülerInnen, sollte in den wichtigsten Passagen auf Deutsch gewechselt werden.

12 Der Respekt für die Natur wird durch die extreme Ausbeutung dieser verletzt. Dieses könnte apokalyptische Folgen für den Menschen haben. „Die Natur ist der unorganische Leib des Menschen, nämlich die Natur, soweit sie nicht selbst menschlicher Körper ist. Der Mensch lebt von der Natur, heißt: Die Natur ist sein Leib, mit dem er in beständigem Prozeß bleiben muß, um nicht zu sterben" (Marx 2014: 50).

Lied „Plus rien" der Cowboys fringants (Material 2)	Das Lied fängt die SchülerInnen auf emotionale Weise ein, da es die apokalyptischen Konsequenzen der Umweltausbeutung vorhersagt und verbildlicht. Die Integration des Liedes in die Stunde hat zudem den Vorteil, dass die SchülerInnen auch mit dem spezifischen Dialekt Québecs konfrontiert werden. Sie erweitern ihren Wissensstand über die französische Sprache und können dialektale Unterschiede herausfinden. Das Lied muss didaktisiert werden, da viele spezifische Vokabeln den SchülerInnen fehlen. Deswegen sind die Arbeitsblätter mit den verschiedenen Textpassagen auf der Lexikebene sehr stark didaktisiert. Es ist außerdem wichtig, dass die Texte anhand von drei Leitfragen analysiert werden, damit die SuS klare Arbeitsanweisungen befolgen und sich mit den Hauptaspekten der jeweiligen Passagen und des Liedes befassen. Zur Ergebnissicherung dient das individuelle Arbeitsblatt. Hier sollen die SuS die zusammengetragenen Ergebnisse festhalten und einen globalen Überblick über die verschiedenen Textpassagen erhalten.	Durch das sehr emotional aufgeladene Lied besteht die Gefahr, dass einige sensible SchülerInnen Gefühlsausbrüche nicht vermeiden können. Dies sollte in dem Unterricht erlaubt sein und genutzt werden, um die Wirkung des Liedes zu thematisieren. Zudem ist es wichtig in den Expertengruppen-phasen gemischte Gruppen zu haben, bei denen die stärkeren Schüler die Schwächeren unterstützen. Durch das unterschiedliche Anforderungsniveau kann eine Binnendifferenzierung durchgenommen werden, indem die stärkeren SchülerInnen eine schwierigere Textpassage und die schwächeren eine leichtere Textpassage in den Expertengruppen bearbeiten. Damit wird gewährleistet, dass leistungsdifferenziert gearbeitet wird.
Dokumentarfilm „Anticosti - la chasse au pétrole extrême" (Material 3)	Der Film bietet die Möglichkeit noch spezifischer in das Thema selbst, als auch in die allgemeine Medienwahrnehmung einzusteigen. Es ist zwar offensichtlich, dass der Dokumentarfilm für eine 9. Klasse nur schwer bis gar nicht auf einer sprachlichen Ebene verständlich ist, er macht aber durch die gezeigten Bilder deutlich, worin das Problem besteht und illustriert die Stimmung Anticostis.	Hier zu beachten ist, dass der Fokus auf Ton und Bild und nicht auf die sprachliche Komponente gelegt wird, da es sonst zu einer Überforderung der SchülerInnen kommt.
Feedbackbogen (Material 4)	Der Bogen dient dazu, dieses Unterrichtskonzept weiter zu verbessern und die Schülerperspektive in den Vordergrund zu stellen.	Frühzeitig ausgeben. Deutlich machen, dass die Schülerperspektive wirklich zählt.

2.3.4.2 Methodische Analyse

Eine ausführliche methodische Analyse findet sich auf der Ilias-Website.

2.3.4.2.1 Tabellarischer Überblick

Unter-richtsphase (abstrakt)	Unter-richts-phase (konkret)	Er-reichte Zeit	Zeit	Erlangte Kompetenzen der SuS	Inhalt	Sozial-form/Me-thode	Materialien
Einstieg	Einführung in das Thema „écologies canadi-ennes“	0-10 Min.	10 Min.	Förderung der transkulturellen Kompetenz der SuS, aufgrund der Auseinandersetzung mit den gesell-schaftlichen Problemen Québecs. Stärkung der interkulturellen Kom-petenz der SuS.	Präsentation der Struktur der Stunde; Québec veror-ten in Kanada; Probleme und Chancen der potenziel-len Ölvorkommen; Beson-derheiten Québecs heraus-stellen; Ziel der Stunde deutlich machen	Plenum. Ein-führung durch die Lehrperson in das Thema; Plenum; Frontal	Entweder Projektor; besser: Bea-mer mit An-schluss an einen PC
Erarbei-tungsphase I	Vorspielen des ganzen Liedes von den Cow-boy fring-ants „Plus rien“	10-15	5 Min.	Hörverstehen bzw. Hör-/Sehver-stehen im Vordergrund (Je nach-dem welche technischen Möglich-keiten zur Verfügung stehen)	Die SuS hören das Lied zum ersten Mal, ohne dass sie dieses komplett erschlie-ßen können; im Anschluss werden sie in Experten-gruppen aufgeteilt/ Austei-lung der Arbeitsblätter	Im Plenum, jede/r SuS für sich.	Beamer+ Laut-spre-cher; Notlö-sung: einen PC und Bo-xen an-schließen
Siche-rungs-phase I	Erste Ein-drücke und Wahr-neh-mungen des Liedes	15-20	8 Min.	Hör-/Sehverständnis; Auseinan-dersetzung mit der eigenen Wahr-nehmung	Die SuS präsentieren erste Eindrücke und Wahrneh-mungen über das Lied auf einem Zettel, den sie dann im Anschluss an das *white board* kleben.	Gruppen-ar-beit	Drei Zettel pro Gruppe; Whiteboard

Unterrichtsphase (abstrakt)	Unterrichtsphase (konkret)	Erreichte Zeit	Zeit	Erlangte Kompetenzen der SuS	Inhalt	Sozialform/Methode	Materialien
Erarbeitungsphase II	Expertengruppen/ Erschließung des Themas	20-40	20 Min.	Förderung der Sozialkompetenz durch Gruppenarbeitsphase; Textverständnis als Fertigkeit wird ebenfalls gefördert. Emotionale Kompetenz wird durch die Auseinandersetzung mit den Konsequenzen der Umweltverschmutzung ebenso gefördert.	Die SuS setzen sich in Expertengruppen zusammen, in der jede/r Expert/in für einen Teil des Liedes wird und von der „Basisgruppe" in die Expertengruppe geht, um diesen Teil des Liedes zu lernen und zu erschließen.	Expertenpuzzle	AB individuell und Arbeitsblätter in den Gruppen
Sicherungsphase II		40-50	10 Min.	Förderung der Sozialkompetenz durch Gruppenarbeitsphase; Textverständnis als Fertigkeit. Emotionale Kompetenz wird durch die Auseinandersetzung mit den Konsequenzen der Umweltverschmutzung ebenso gefördert.	Im Anschluss gehen die SuS wieder in die Basisgruppen und füllen den jeweiligen Zettel aus. Ziel ist es, dass jede/r das Lied verstanden und die verschiedenen Fragen für ich erschlossen hat.	Rückkehr in die Basisgruppe	AB individuell
Erarbeitungsphase III	Wiederholtes Einspielen des Liedes	50 - 55	5 Min.	Hörverstehen wird durch das Erschließen des Inhalts verbessert.	Die SuS bleiben in den Basisgruppen und hören noch einmal das Lied, jetzt aber mit Textkenntnis; sie schreiben wieder drei Begriffe auf, wie sie das Lied wahrnehmen.	Gruppen-arbeit	Whiteboard und 3 Zettel

Unterrichtsphase (abstrakt)	Unterrichtsphase (konkret)	Erreichte Zeit	Zeit	Erlangte Kompetenzen der SuS	Inhalt	Sozialform/Methode	Materialien
Sicherungsphase III	Kurze Reflexion über die Wahrnehm-ung	55- 60	5 Min.	Diskurskompetenz; emotionale Kompetenz	Die SuS vergleichen die erste mit der zweiten Wahrnehmung im Plenum.	Plenum	--
	Event. Pause	60-65	5 Min.				
Einstieg II	Einführung in den Doku-mentarfilm *Anticosti – La chasse au pétrole extrême*	65-75	10 Min.	Hör-/Sehverständnis; transkulturelle Kompetenz	Die SuS verstehen die Zusammenhänge des gesellschaftlichen Diskurs in Québec über die potenziellen Ölressourcen und deren Ausbeutung.	Plenum	Film + Video-recorder, oder PC mit Laut-sprecher und Beamer

2.3.4.2.1 Ergebnissicherung und Lernprodukte

Die Ergebnisse werden durch **Präsentationen** oder auszufüllende individuelle **Arbeitsblätter** festgehalten. Die SuS müssen sich in den zwei Basisgruppenphasen auf drei Begriffe einigen, welche auf jeweils ein DinA3-Blatt geschrieben werden. Die drei Begriffe werden von mindestens einem Gruppenmitglied vorgestellt und an die Tafel gehängt. Somit werden hier die Gruppenergebnisse zusammengetragen und für jede/n SchülerIn sichtlich gemacht.

In der Expertengruppenphase sollen die SchülerInnen die Gruppenergebnisse auf ihren individuellen **Arbeitsbogen** (siehe Anhang) festhalten und den anderen Gruppenmitgliedern aus der Basisgruppe vorstellen. Jede/r SchülerIn sollte am Ende ein ausgefülltes Arbeitsblatt vorweisen können. Damit das geht, muss jede/r TeilnehmerIn in den Expertengruppen mitgearbeitet haben.

Die Ergebnisse über die Wahrnehmung und den Diskurs in dem Film werden an der **Tafel** in den Grundzügen festgehalten bzw. kann die „letzte Aufgabe" auch als **Hausaufgabe** aufgegeben werden (Unterschied Lied/Dokumentarfilm).

2.3.5 Reflexion und Feedback der Versuchsgruppe

Eine Reflexion der praktischen Unterrichtsdurchführung (Versuchsstunde) mit Hinweisen zu möglichen Optimierungen und das Feedback der Schüler und SchülerInnen findet sich auf der Ilias-Website.

2.3.6 Alternativen und Erweiterungen

Mögliche Erweiterungen, wie an diese Unterrichtstunde angeknüpft werden könnte und welche weiteren Alternativen möglich sind, finden sich auf der Ilias-Website.

2.3.7 Anhang: Unterrichtsmaterialien

Es folgen auf den nächsten Seiten nun die Arbeitsblätter für die Expertengruppen.

2.3.7.1 Arbeitsblatt: Expertengruppe 1

Fiche de travail no. 1

temps: 15 minutes

Bonjour les élèves du 1er groupe !

Votre tâche est de répondre aux questions suivantes:

1.) Comment est-ce que le „je“ se sent et pourquoi?

2.) Quel air est-ce que le monde avait il y a très longtemps?

3.) Formulez une hypothèse pourquoi le monde a changé.

Il ne reste que quelques minutes à ma vie
Tout au plus quelques heures je sens que je faiblis
Mon frère est mort hier au milieu du désert
Je suis maintenant le dernier humain de la terre

On m'a décrit jadis, quand j'étais un enfant
Ce qu'avait l'air le monde il y a très très longtemps
Quand vivaient les parents de mon arrière grand-père
Et qu'il tombait encore de la neige en hiver

En ces temps on vivait au rythme des saisons
Et la fin des étés apportait la moisson
Une eau pure et limpide coulait dans les ruisseaux
Où venaient s'abreuver chevreuils et orignaux

Vocabulaire:

ne reste que = reste seulement
tout au plus ≈ In den letzten
au milieu = in Mitten der
dernier ≠ premier
jadis = avant
arrière grand-père = Ur- „grand-père“
la moisson= Ernte
limpide ≈ propre ou ≠ sale
ruisseaux = petit fleuve/rivière
s'abreuver = boire
chevreuils = Rentiere
orignaux= Elche

La solution:

1.) Il se sent faible et seul. Il se rend compte qu'il est le dernier humain de la terre et tous ses amis et la famille sont morts.

2.) Il tombait toujours de la neige, il y avait les saisons. Le monde paraissait comme le monde d'aujourd'hui (avec ses animaux).

3.) A cause de la exploitation de la terre, le climat a tant changé que le monde était invivable.

2.3.7.2 Arbeitsblatt: Expertengruppe 2

Fiche de travail no. 2

Temps: 15 minutes

Bonjour les élèves du 2ième groupe !

Votre tâche est de répondre aux questions suivantes:

1.) Comment est-ce que le „je“ décrit le monde?

2.) Comment est-ce que se sent le „je“ et pourquoi?

3.) Pourquoi est-ce qu'il y a une répétition du „plus rien“?

Mais moi je n'ai vu qu'une planète désolante

Paysages lunaires et chaleur suffocante

Et tous mes amis mourir par la soif ou la faim

Comme tombent les mouches jusqu'à ce qu'il n'y ait plus rien...

Plus rien...

Plus rien...

Il ne reste que quelques minutes à ma vie

Tout au plus quelques heures je sens que je faiblis

Mon frère est mort hier au milieu du désert

Je suis maintenant le dernier humain de la terre

Vocabulaire:
désolante = desolat
lunaire = adjectif de la lune
suffocante = erstickend
une mouche = eine Fliege
jusqu'à ce que= bis
ait =subjonctif von „avoir“
ne reste que = reste seulement
tout au plus ≈ In den letzten
au milieu = in Mitten der
dernier ≠ premier

La solution:

1.) La planète est dans un état catastrophique. Tous les êtres disparaissent jusqu'à ce qu'il n'ait plus rien.

2.) Il se sent faible, triste et seul. Il ne peut pas changer le monde.

3.) La répétition met l'accent sur l'importance de changer le monde aujourd'hui pour qu'il n'ait pas ces conséquences.

2.3.7.3 Arbeitsblatt: Expertengruppe 3

Fiche de travail no. 3

temps: 15 minutes

Bonjour les élèves du 3ième groupe !

Votre tâche est de répondre aux questions suivantes:

1.) Pourquoi est-ce que „ça“ a commencé?

2.) Qui sont les nouveaux Dieux?

3.) Qu'est-ce qu'ils ont fait avec le monde et pourquoi?

Tout ça a commencé il y a plusieurs années
Alors que mes ancêtres étaient obnubilés
Par des bouts de papier que l'on appelait argent
Qui rendaient certains hommes vraiment riches et puissants

Et ces nouveaux dieux ne reculant devant rien
Étaient prêts à tout pour arriver à leurs fins
Pour s'enrichir encore ils ont rasé la terre
Pollué l'air ambiant et tari les rivières

Vocabulaire:
alors que =quand
rendre qn riche/ puissant = jemanden reich und mächtig machen
ne reculant devant rien= vor nichts zurückschrecken
obnubil= verwirrt sein
être prêt à= bereit sein
fins– objectifs/buttes
raser= rasieren
polluer= la pollution (substantif)
tarier= verschmutzen
ambiant= Raum-

La Solution:

1.) „çà" a commencé à cause de l'avidité des gens.
2.) Les hommes qui veulent se rendre plus riche en exploitant la terre.
3.) „Pour s'enrichir encore ils ont rasé la terre".

2.3.7.4 Arbeitsblatt: Expertengruppe 4

Fiche de travail no. 4

temps: 15 minutes

Bonjour les élèves du 4ième groupe !

Votre tâche est de répondre aux questions suivantes:

1.) Qu'est-ce que les gens ont fait et pourquoi?
2.) Qui sont „ils" (Ligne 3)?
3.) Qu'est-ce qui se passe au monde?

Mais au bout de cent ans des gens se sont levés

Et les ont avertis qu'il fallait tout stopper
Mais ils n'ont pas compris cette sage prophétie
Ces hommes-là ne parlaient qu'en termes de profits

C'est des années plus tard qu'ils ont vu le non-sens
Dans la panique ont déclaré l'état d'urgence
Quand tous les océans ont englouti les îles
Et que les inondations ont frappé les grandes villes

Et par la suite pendant toute une décennie
Ce fut les ouragans et puis les incendies
Les tremblements de terre et la grande sécheresse
Partout sur les visages on lisait la détresse

Vocabulaire:
au bout de= nach
avertir= hinweisen
sage prophétie = weise Prophezeiung
ne ... que= seulement
terme= mot
l'état d'urgence= Ausnahmezustand
engloutir = verschlingen
inondations= Überschwemmungen
frapper~ battre
par la suite= Après
décennie= pendant dix ans
fut= a été
un ouragan= Unwetter
une incendie= des feux
un tremblement de terre= Erdbeben
une sècheresse= sèche (trocken)
la détresse= Verzweiflung

La solution:

1.) Les gens se sont levés pour arrêter le fait que le monde devienne invivable. Mais le problème était que les gens ne pensaient qu'à l'argent.

2.) „Ils“ sont des gens qui sont avares et qui ne parlent qu'en terme de profit.

3.) Une catastrophe naturelle après l'autre détruit le monde et l'espèce humain.

2.3.7.5 Arbeitsblatt- Expertengruppe 5

Fiche de travail no. 5

temps: 15 minutes

Bonjour les élèves du 5ième groupe !

Votre tâche est de répondre aux questions suivantes:

1.) Qu'est-ce qui se passe dans le monde?

2.) Qu'est-ce qui se passe avec l'humanité?

3.) Est-ce que vous avez une idée pourquoi ces choses se passent?

Les gens ont dû se battre contre les pandémies
Décimés par millions par d'atroces maladies
Puis les autres sont morts par la soif ou la faim
Comme tombent les mouches jusqu'à ce qu'il n'y ait plus rien...
Plus rien...
Plus rien...

Mon frère est mort hier au milieu du désert
Je suis maintenant le dernier humain de la terre
Au fond l'intelligence qu'on nous avait donnée
N'aura été qu'un beau cadeau empoisonné

Car il ne reste que quelques minutes à la vie
Tout au plus quelques heures je sens que je faiblis
Je ne peux plus marcher j'ai peine à respirer
Adieu l'humanité...
Adieu l'humanité ...

Vocabulaire:
une pandémie= Länder erfassende Seuche
décimer= reduzieren

atroce= schlimm
une moche= eine Fliege
jusqu'à ce que = bis
au milieu de = in Mitten von
dernier/ dernière ≠ premier/ première
Au fond= im Grunde
n'aura été que= war nur
empoisonner= vergiften
ne...que= seulement
Tout au plus= après
faiblir= faible (adj.)
avoir peine à= Schwierigkeiten haben etwas zu tun
respirer= atmen

La solution:

1.) Une maladie après l'autre met en danger le genre humain.

2.) L'espèce humain est dans l'état d'extinction.

3.) Ces chosent se passent dû à l'avidité des gens.

2.3.7.6 Individuelles Arbeitsblatt

Fiche de travail „Résumé" Nom:_______________

Vous présentez les réponses des questions aux autres de la „Basisgruppe" et remplissez ce tableau en vous limitant à une phrase par groupe. Chacun doit avoir une fiche remplie.

Les groupes	Résumé (une phrase par groupe)
1	
2	
3	
4	
5	

2.3.8 Literatur- und Quellenverzeichnis

„Affiche du film“ Anticosti le film. Anticosti.naturequebec.org http://anticosti.naturequebec.org/wp-content/uploads/2014/04/Anticosti_poster_1_HD.jpg 09.03.2017. Mit Genehmigung von “Rapide Blanc”.

Bernstein, Nils; Lerchner Charlotte. „Ästhetisches Lernen im DaF-/DaZ- Unterricht. Literatur - Theater – Bildende Kunst – Musik – Film.“ Band 39. Materialien Deutsch als Fremdsprache. univerlag.uni-goettingen.de. 2014. https://univerlag.uni-goettingen.de/bitstream/handle/3/isbn-978-3-86395-183-2/MatDaF93_Auszuege.pdf?sequence=1&isAllowed=y (letzter Aufruf 11.08.2016)

Bundesministerium für Umwelt, Naturschutz, Bau und Reaktorsicherheit (bmub). „Die Klimakonferenz in Paris.“ Bmub.bund.de 6.07.2016 http://www.bmub.bund.de/themen/klima-energie/klimaschutz/internationale-klimapolitik/pariser-abkommen/#c33180 23.05.2017

Dokumentarfilm: Champagne, Dominique und Lessard, Pierre-Étienne. *Anticosti-La chasse au pétrole extrême.* Rapide Blanc. Québec/Kanada. 05.05.2014.

Drolet, Charles-Antoine. „Le pétrole de schiste sur Anticosti: Aidez nature Québec à prévenir une catastrophe“ naturequebec.org. Kein Datum. http://www.naturequebec.org/fileadmin/fichiers/Communications/Sollicitations/SOL-13-M3.pdf. 23.05.2017.

Hessisches Kultusministerium. „Bildungsstandards und Inhaltsfelder. Das neue Kerncurriculum für Hessen. Sekundarstufe I-Gymnasium. Moderne Fremdsprachen.“ Wiesbaden: Hess. Kultusministerium, 2016. https://kultusministerium.hessen.de/sites/default/files/media/kerncurriculum_moderne_fremdsprachen_gymnasium.pdf 23.05.2017.

Hessisches Kultusministerium. „Grundlagen für den Unterricht. Bildungsstandards, Kerncurricula, Lehrpläne.“ kultusministerium.hessen.de. Kein Datum. https://kultusministerium.hessen.de/schule/bildungsstandards-kerncurricula-und-lehrplaene. 23.05.2017.

Hirtzmann, Ludovic. «Incendie au Canada: Un mois en enfer.“ letelegramme.fr 1.06.2016. http://www.letelegramme.fr/monde/incendie-canadien-la-bete-resiste-01-06-2016-11089533.php 22.05.2016.

Les Cowboys fringants. *Biographie.* Kein Datum. http://www.cowboysfringants.com/?cat=6 22.05.2017.

Video zum Lied. „Plus rien“ der Cowboys fringants:

Les Villas Champêtres. „Les Cowboys fringants_ Plus Rien“ youtube.de. 2.05. 2007 https://www.youtube.com/watch?v=5PMEdg4R_Ek 23.05.2017.

Marx, Karl (2014). Gut, Karl-Maria (Hrsg.): „Ökonomisch-philsosophische Manuskripte aus dem Jahre 1844“, Berlin: Hoffenberg

Trailer zum Film:

Rapide Blanc. „Anticosti – La chasse au pétrole extrême – bande-annonce“ Vimeo.com. 2014. https://vimeo.com/92208251 23.05.2017.

SudOuest.fr avec AFP. „Canada: les immences incendies toujours inctrôlables à Fort McMurray“ Sudouest.fr 18.05.2016. http://www.sudouest.fr/2016/05/18/canada-les-immenses-incendies-toujours-incontrolables-a-fort-mcmurray-2366752-4803.php, 22.05.2017.

3 Unterrichtskonzepte: Enseigner le Québec – littérature, culture et histoire

3.1 L'amour, le racisme et la marginalisation dans la littérature franco-canadienne à l'exemple de „La Mariouche, c'est pour un Blanc“ d'Yves Thériault

Niveau des apprenants: B2+/C1 (evtl. Leistungskurs)

Durée de l'unité: 3 séquences de 45 minutes

De Tobias Fritzsch

3.1.1 Mise en contexte et pré-requis:

Ces trois séquences ont lieu dans le cadre d'une unité sur le Québec. Dans les cours précédents, les apprenants ont traité la situation des minorités ethniques au Québec. En outre, ils ont reçu une brève introduction à la littérature québécoise par l'enseignant ou acquis des connaissances sur ce sujet pendant des phases de travail en groupe (TV5MONDE: légendes canadiennes, présentation de quelques auteurs québécois).

Problématique de l'unité de cours:

Les minorités ethniques au Canada et l'individu entre 'intégration et marginalisation.

3.1.2 Objectifs d'apprentissage à l'issue des trois séquences pédagogiques

3.1.2.1 Objectifs interculturels:

Les apprenants …

- … apprennent que, à part la minorité francophone, il y a encore d´autres minorités au Canada comme les Amérindiens et les Innuits.
- … comprennent que la coexistence d'ethnies différentes peut causer des conflits.
- … sont en mesure de réfléchir de façon nuancée sur les phénomènes du racisme et de la marginalisation.

3.1.2.2 Objectifs linguistiques:

Compréhension orale:

Les apprenants comprennent une chanson en franco-canadien à l'aide des paroles.

Compréhension écrite:

Les apprenants sont en mesure de lire un conte et de comprendre sa dimension sociale.

Expression orale:

Les apprenants sont en mesure …

- … de prendre position sur un texte et d'exprimer leur opinion.
- … de simuler un dialogue entre deux personnages fictifs.
- Les apprenants améliorent leur prononciation et leur intonation pendant la lecture à voix haute d'une lettre.

Expression écrite:

Les apprenants sont capables ...

… de résumer le contenu essentiel d'un texte.

… de reformuler les idées principales d'un texte avec leurs propres mots.

… d'écrire un dialogue / une lettre avec de nouvelles idées personnelles.

3.1.2.3 Capacité d'évaluation et de réflexion

Les apprenants sont en mesure …

- …de réfléchir de façon critique sur les différents aspects du racisme et de la marginalisation
- …d'associer la situation représentée dans le conte avec leurs propres idées et leurs expériences personnelles.

3.1.2.4 Matériaux:

Chanson. „Jack Monoloy" de Gilles Vigneault, 1961

Vidéo: McAuley, Agnus. „Jack Monoloy" *youtube.de* 19.01.2013. https://www.youtube.com/watch?v=l8udqOTMv7c. 27.05.2017.

Texte. „La Mariouche, c'est pour un Blanc" d'Yves Thériault

Fiches de travail:

Formes sociales: travail individuel, à deux et en plenum

Evaluation / correction:

- Note d'expression orale sur les différentes interventions en classe lors de la comparaison des exercices de compréhension de texte
- Note d'expression écrite sur le texte créatif rédigé lors à la fin de l'unité didactique

3.1.3 Grilles pédagogiques

3.1.3.1 Première séquence (~45 min)

Phase	Durée	Contenu, matériel / support	Objectifs	Modalités de travail	Remarques
Sensibilisation	~6 min	Vidéo: Gilles Vigneault - „Jack Monoloy“ (https://www.youtube.com/watch?v=fDmY1LUeVSE) Paroles de la chanson	(ré)activer le contenu du conte lu à la maison à l'aide d'une chanson	L'enseignant montre la vidéo de Gilles Vigneault. Les apprenants écoutent la chanson, lisent les paroles et cherchent à comprendre le contenu. Observations des réactions par l'enseignant.	Les élèves devraient remarquer déjà en écoutant la chanson qu'elle traite du même sujet que le conte de Thériault (l'amour inaccompli entre un Indien et une fille blanche).
Application	~30 min (5 + 10 + 15)	Fiche de travail Texte: „La Mariouche, c'est pour un Blanc“	Pratiquer la compréhension de texte avec deux genres différents au contenu assez semblable	Les apprenants font les 3 exercices de compréhension de texte. Ils peuvent travailler à deux pour s'entraider.	
Consolidation	~9 min	Fiche de travail Tableau ou tableau électronique	S'assurer que les apprenants aient compris le contenu du conte et de la chanson	Comparaison et correction en plénum des résultats des apprenants	
-interclasse-					

3.1.3.2 Deuxième séquence (~45 min)

Phase	Durée	Contenu, matériel / support	Objectifs	Modalités de travail (tâche, interactions entre l'enseignant et les apprenants)	Attentes, alternatives
Application	~30 min	Fiche de travail Texte: „La Mariouche, c'est pour un Blanc“ Éventuellement: dictionnaires monolingues ou bilingues	Sensibiliser les apprenants à la critique sociale abordée dans le texte	Les apprenants font les exercices de compréhension de texte approfondie	
Consolidation	~10 min	Voir ci-dessus.	Faire comprendre la problématique sociale en préparation de la production écrite créative	Comparaison et petite discussion sur la dimension sociale du conte	
Préparation pour le cours suivant / devoirs	~5 min	-	Organiser la suite de l'unité didactique	Chaque apprenant choisit un des 4 exercices de production écrite proposés sur la fiche. Les apprenant qui veulent travailler à deux se cherchent un partenaire. À la maison, il doivent déjà réfléchir à ce qu'ils pourraient écrire.	L'enseignant devrait essayer de s'assurer que les apprenants ne fassent pas tous les mêmes exercices.

3.1.3.3 Troisième séquence (~45 min)

Phase	Durée	Contenu, matériel / support	Objectifs	Modalités de travail (tâche, interactions entre l'enseignant et les apprenants)	Attentes, alternatives
Approfondissement	~30 min	Fiche de travail Texte: „La Mariouche, c'est pour un Blanc" Paroles de la chanson „Jack Monoloy" Dictionnaires monolingues (éventuellement bilingues)	Entraînement à l'expression écrite	Les apprenants se réunissent avec leurs partenaires s'ils ont choisi de travailler à deux. Ils écrivent les dialogues et les lettres proposées sur la fiche pédagogique.	L'enseignant doit s'assurer que l'ambiance de travail permette à tous de se concentrer.
Présentation et évaluation	~15 min	Textes / notes des apprenants	Entraînement à l'expression orale, à la prononciation et à l'intonation	Les apprenants présentent leurs résultats. S'il y a encore assez de temps: Évaluation des textes présentés en classe	Il est souhaitable que les apprenants essayent de parler le plus librement possible (notamment pour les dialogues)

3.1.4 Unité didactique: tâches et matériaux - Yves Thériault: *La Mariouche, c'est pour un Blanc*

3.1.4.1 La chanson: „Jack Monoloy“

Écoutez la chanson „Jack Monoloy“ de Gilles Vigneault et lisez-en les paroles.

Gilles Vigneault: „Jack Monoloy“

Vous pouvez trouver le texte de la chanson aisément sur Internet.

Vocabulaire

1 – le bouleau: une espèce d'arbre (allemand: *Birke*)

2 – fringant: synonyme de *vif, agile*

3 – les perdrix et les sarcelles: deux espèces d'oiseau (allemand: *Rebhühner und Knäkenten*)

4 – la dam: *le barrage, la digue* (anglicisme)

5 – l'écorce: la partie extérieure d'un arbre

6 – sacrer le camp: *foutre le camp, s'en aller* (québécisme)

7 – les billots: des pièces de bois coupé

3.1.4.2 Exercices de compréhension de texte

Répondez aux questions suivantes. Vous pouvez travailler en binômes.

1) Comparez le titre du conte d'Yves Thériault que vous deviez lire à la maison et le refrain de „Jack Monoloy“. Qu'est-ce que vous remarquez?

2) Relisez maintenant les strophes de la chanson et résumez brièvement le contenu (au maximum 5 phrases). Quelles similitudes trouvez-vous entre le contenu de la chanson et celui du conte? Quelles différences y a-t-il?

3) Faites un résumé chronologique de „La Mariouche, c'est pour un Blanc“ en remplissant la grille ci-dessous.

Moment	Déroulement des actions
Premier jour	
Premier soir	
Deuxième et troisième soir	
Quatrième soir	
Cinquième soir	

3.1.4.3 Exercices de compréhension de texte détaillée

1) Relisez les deux extraits au début du conte dans lesquelles Benjamin Copeau parle de sa vie et de celle de ses amis Indiens (p. 22, l. 1 – p. 23, l. 20 ; p. 24, l. 13 – p. 25, l. 20).

Comment le protagoniste décrit-il les Amerindiens? Comment caractérise-t-il les „Blancs"?

2) Lisez une autre fois le dialogue entre Henrichon et Benjamin (p. 34, l. 5 – p. 37, l. 5) et dégagez les arguments d'Henrichon pour justifier que sa fille ne doit plus voir Benjamin.

3) „J'ai même essayé, […] en frottant avec de l'eau de mer salée à plein, voir si ma peau deviendrait blanche“ (p. 38, l. 9-11)

Commentez la fin du conte. Que montre l'action de Benjamin consistant à se frotter avec de l'eau salée par rapport à son identité et son auto-perception?

3.1.4.4 Exercices d'écriture créative

Maintenant c'est à vous d'écrire des textes. Vous pouvez décider si vous préférez travailler seuls ou avec un partenaire.

Choisissez une des alternatives ci-dessous et présentez votre production écrite en classe.

Si vous souhaitez travailler en groupes de deux …

A) Écrivez un dialogue alternatif dans lequel Benjamin Copeau cherche à convaincre le père de son amour pour la fille pour que les deux amants puissent rester ensemble.

B) Imaginez une nouvelle rencontre entre les deux amants quelque temps après et écrivez un dialogue.

Si vous préférez travailler seuls …

C) Quelques mois après les événements du conte, Benjamin Copeau décide d'envoyer une lettre à la Mariouche. Qu'est-ce qu'il pourrait lui écrire?

D) Mettez-vous à la place de Jack Monoloy juste avant son suicide et écrivez une lettre d'adieu à son amante.

3.1.5 Unité didactique: solutions

3.1.5.1 Exercices de compréhension de texte

1) Comparez le titre du conte d'Yves Thériault que vous deviez lire à la maison et le refrain de „Jack Monoloy“. Qu'est-ce que vous remarquez?

- *Le refrain de la chanson „Jack Monoloy“ cite presque littéralement le titre du conte d'Yves Thériault → „La Mariouche est pour un blanc.“.*
- *Il y a une intertextualité forte entre la chanson et le conte. En fait, tous les deux parlent d'un amour inaccompli entre un homme indien / innu et une femme blanche.*

2) Relisez maintenant les strophes de la chanson et résumez brièvement le contenu (au maximum 5 phrases). Quelles similitudes trouvez-vous entre le contenu de la chanson et celui du conte? Quelles différences y a-t-il?

- *Jack Monoloy, protagoniste de la chanson, aime une jeune femme blanche du nom Mariouche.*
- *Il se voient régulièrement à l'insu des parents de la jeune femme.*
- *Un jour, les parents découvrent qu'il y a une relation amoureuse entre Jack et leur fille et ils l'envoient au couvent afin d´ empêcher la liaison.*
- *À la fin, Jack se suicide en faisant couler son canot parce qu'il ne peut plus voir la Mariouche.*

Similitudes:

Tant le conte que la chanson parlent de l'amour inaccompli entre un homme indien et une femme blanche.

Dans les deux cas, ce sont les parents de la fille, voire le père, qui s'opposent à la relation.

Différences:

Dans le conte d'Yves Thériault, la fille n'est pas envoyée au couvent.

Le protagoniste ne se suicide pas.

3) Faites un résumé chronologique de „La Mariouche, c'est pour un Blanc“ en remplissant la grille ci-dessous.

Moment	Déroulement des actions
Premier jour	*- Benjamin Copeau, Montagnais et protagoniste de l'histoire, accepte d'accompagner la famille d'un chef-arpenteur pour leur montrer le territoire de la Romaine.* *- Benjamin s'éprend de la jeune fille du chef-arpenteur mais il n'ose pas encore lui parler.*
Premier soir	*- La famille et Benjamin installent leur camp près d'un lac.* *- Après le dîner, pendant la nuit, la jeune fille vient trouver Benjamin qui est assis près du lac.* *- Les deux protagonistes parlent pendant plusieurs heures.*
Deuxième et troisième soir	*- La situation se répète plusieurs fois.* *- La nuit, Benjamin et la fille parlent à nouveau au lieu de dormir.*
Quatrième soir	*- C'est la veille du retour à la Réserve.* *- Les deux jeunes déclarent leur amour l'un à l'autre.*
Cinquième soir	*- Après le retour à la Réserve, Benjamin demande la fille si elle veut passer la soirée avec lui. (Il veut faire un tour en bateau avec elle).* *- La jeune fille veut bien mais elle n'est pas sûre de pouvoir venir.* *- Les deux amants prennent rendez-vous pour cinq heures du soir.* *- Benjamin attend en vain, à la fin c'est le père de la fille qui arrive à dix heures.* *- Le père explique à Benjamin qu'il souhaite que lui et sa fille ne se voient plus.*

3.1.5.2 Exercices de compréhension de texte détaillée

1) Relisez les deux extraits au début du conte dans lesquelles Benjamin Copeau parle de sa vie et de celle de ses amis Indiens (p. 22, l. 1 – p. 23, l. 20 ; p. 24, l. 13 – p. 25, l. 20).

Comment le protagoniste décrit-il les Amérindiens? Comment caractérise-t-il les „Blancs"?

Les Amérindiens:

Le protagoniste décrit les Indiens tant de son propre point de vue que du point de vue des Blancs.

Il dit qu'ils travaillent moins que les Blancs et ils travaillent d'une autre façon.

Il utilise le terme „Sauvage" (nom négatif employé par les Blancs).

Les Indiens ne sont pas là pour servir les Blancs. Ils ont leurs propres pensées, idées et sentiments.

Les Indiens parlent très peu avec les Blancs.

Les Indiens vivent d'une saison à l'autre.

À fois, ils travaillent pour les Blancs comme draveurs, chasseurs ou pêcheurs, mais la plupart du temps ils s'occupent de tuer le temps.

Ils sont contents si la chasse leur apporte quelque chose à manger et s'ils ont une place chaude pour dormir.

En général, ils passent du bon temps.

Les Blancs:

Le protagoniste dit que les Blancs ont des idées et des projets. Ils savent comment il faut travailler afin de gagner de l'argent.

Selon le protagoniste, ce n'est pas juste que les Blancs reprochent aux Indiens de ne pas travailler assez.

Les Blancs sont caractérisés d´ „empâtés" (p.25, l.15).

2) Lisez une autre fois le dialogue entre Henrichon et Benjamin (p. 34, l. 5 – p. 37, l. 5) et dégagez les arguments d'Henrichon pour justifier que sa fille ne doit plus voir Benjamin.

Arguments d'Henrichon:

- *Les arguments d'Henrichon sont embrouillés et pas très clairs.*
- *Pour justifier que sa fille ne doit plus voir Benjamin, il parle de la noblesse des Indiens qu'il faut respecter et de la place des Blancs.*
- *La fille doit se marier avec un ami d'Henrichon qui est assez riche.*
- *Elle est encore très jeune et ne sait pas exactement ce qu'elle veut.*
- *Henrichon utilise des arguments très superficiels: La fille doit rester dans le milieu habitué. À la fin, il utilise la tournure „chacun chez soi" (p. 36, l. 19+20).*

3) „J'ai même essayé, […] en frottant avec de l'eau de mer salée à plein, voir si ma peau deviendrait blanche" (p. 38, l. 9-11)

Commentez la fin du conte. Que montre l'action de Benjamin consistant à se frotter avec de l'eau salée par rapport à son identité et son auto-perception?

Que Benjamin frotte sa peau avec de l'eau salée pour voir si elle devient blanche montre le désespoir profond provoqué par l'échec de la relation amoureuse avec la Mariouche.

Il voudrait cacher son identité comme Indien et être pareil aux Blancs.

Cela démontre qu'il pense être de quelque façon inférieur aux Blancs.

Il semble qu'il n'accepte pas sa propre identité et qu'il finit par se résigner au racisme.

3.1.5.3 Exercices d'écriture créative

Maintenant c'est à vous d'écrire des textes. Vous pouvez décider si vous préférez travailler seuls ou avec un partenaire.

Choisissez une des alternatives ci-dessous et présentez votre production écrite en classe.

Si vous souhaitez travailler en groupes de deux …

A) Écrivez un dialogue alternatif dans lequel Benjamin Copeau cherche à convaincre le père de son amour pour la fille pour que les deux amants puissent rester ensemble.

B) Imaginez une nouvelle rencontre entre les deux amants quelque temps après et écrivez un dialogue.

Si vous préférez travailler seuls …

C) Quelques mois après les événements du conte, Benjamin Copeau décide d'envoyer une lettre à la Mariouche. Qu'est-ce qu'il pourrait lui écrire?

D) Mettez-vous à la place de Jack Monoloy juste avant son suicide et écrivez une lettre d'adieu à son amante.

Solutions individuelles.

3.1.6 La bibliographie

Chanson: Vigneault, Gilles. „Jack Monoloy“ 1969. *Musicorama.* Par Vigneault, Gilles. Cond. Rochon, Gaston. 14.04.1969. Vinyl.

Vidéo: McAuley, Agnus. „Jack Monoloy“ *youtube.de* 19.01.2013. https://www.youtube.com/watch?v=l8udqOTMv7c. 27.05.2017.

Texte: Thériault, Yves. "La Mariouche, c'est pour un Blanc." *Conteurs franco-canadiens.* Ed. Peter Klaus, Reclam, 2000. 22-38.

TV5MONDE. "Les légendes canadiennes." http://focus.tv5monde.com/legendescanadiennes/. 28.05.2017.

3.2 Le joual, dialecte du Québec, notamment de Montréal

Niveau des apprenants: B2+/C1 (evtl. Leistungskurs)

Durée de l'unité: 3 séquences de 45 minutes

+ une séquence de 60 minutes de travail à la maison.

De *Pauline Sauzay*[13]

[13] Philipps-Universität Marburg, Seminar: Fachdidaktik Französisch III, Wintersemester 2015/16, Leitung: Frau Keneder.

3.2.1 Mise en contexte et pré-requis

Cette unité sur le joual a lieu dans le contexte plus global d'un cours sur le Québec. Le Québec est un pays rarement évoqué dans les cours de français. Cependant ce sujet nous semble digne d'être abordé. En effet, la plupart des élèves ignorent que l'on parle français en Amérique du Nord. La langue française a, dans le contexte canadien, une place particulière et semble bien illustrer la problématique des rapports du français et de l'anglais au niveau mondial. A travers cet exemple, il est donc possible d'aborder l'un des aspects essentiels de la francophonie: la question de la préservation de la diversité des langues et la promotion du multilinguisme dans un contexte global. Au Canada, la langue française est menacée à la fois par l'anglais mais aussi jusque dans les années 70 par le repli sur les variétés locales du français tel que le joual au détriment d'une intercompréhension avec les autres francophones non canadiens. La révolution tranquille dans les années 60 a abouti à une politique linguistique volontariste qui garantit aujourd'hui aux Francophones de pouvoir parler leur langue dans tous les domaines de la vie et d'être compris par les autres Francophones du monde entier. Les Canadiens francophones ont ainsi défendu leurs particularités culturelles et linguistiques face à l'anglais et se sont inscrits dans le contexte mondial francophone. Après avoir traité de la politique linguistique au Québec (rapports du français et de l'anglais au Canada, Charte de la langue française), on s'intéressera dans cette unité à la question de savoir quel français est parlé au Canada. Pour cela on prendra l'exemple du joual, un dialecte de Montréal qui suscite le débat et partage la société: Faut-il défendre ses particularités linguistiques au risque du repli sur soi ou vaut-il mieux parler un français international et perdre son identité? Pour cela, on étudiera un texte datant de 1960 issu des „insolences du frère Untel“ de Jean-Paul Desbiens. Ce texte à caractère polémique est emblématique du débat qui a eu lieu au Québec sur la place du joual et du français „international“ dans la société québécoise. Ensuite on s'intéressera à la chanson „le joual“ de Mononc'Serge (2011), une sorte d'hymne qui célèbre le caractère populaire et identitaire du joual. Sur la base de ces deux documents, on essaiera de développer avec les élèves une réflexion dialectique sur la place des particularismes linguistiques dans un contexte mondial globalisé et dominé par la langue anglaise.

Cette séquence peut également être intégrée dans le cadre d'une unité sur les variations du français dans le monde.

Problématique de l'unité de cours:

Le joual, signe de l'appauvrissement de la langue française ou marqueur de l'identité québécoise?

3.2.2 Objectifs d'apprentissage à l'issue de cette unité pédagogique

Domaine de compétence central: compétence interculturelle

3.2.2.1 Objectifs interculturels:

Les apprenants …

- sont en mesure de saisir les enjeux culturels, identitaires et politiques liés au français au Québec.
- connaissent mieux le contexte qui a mené au vote de la Charte de la langue française en 1977.
- comprennent mieux les rapports entre les Français et les Québécois.
- sont capables de comprendre l'ambivalence des Québécois eux-mêmes vis-à-vis de leur parler populaire.

3.2.2.2 Objectifs linguistiques

Les apprenants …

- connaissent une variété du français d'Amérique du Nord, le joual, et sont capables d'en distinguer les caractéristiques phonétiques, lexicales, syntaxiques: anglicismes, archaïsmes par ex.
- Compréhension de l'écrit:
- Les apprenants sont en mesure de lire et comprendre un texte argumentatif à caractère pamphlétaire (extrait des „Insolences du frère Untel").
- Compréhension de l'oral:
- Les apprenants comprennent mieux une variété éloignée du français standard qui est enseigné à l'école.
- Expression orale:
- Les apprenants sont en mesure de prendre position sur un texte et d'exprimer simplement leur opinion,
- d'émettre des hypothèses et
- de décrire une chanson et les impressions qu'elle suscite en eux.
- Expression écrite:
- Les apprenants sont capables de relever et de résumer les arguments principaux d'un texte,

- d´en relever les caractéristiques stylistiques,
- d'écrire un court texte argumentatif d'après un modèle (Extrait des „Insolences du frère Untel", voir plus haut),
- de décrire une chanson et les impressions qu'elle suscite en eux.

3.2.2.3 Capacité d'évaluation et de réflexion

Les apprenants sont en mesure de mettre en perspective des connaissances acquises (Charte de la langue française) et de développer une vision nuancée sur un phénomène culturel et historique.

3.2.2.4 Compétences sociales

Les apprenants sont capables

- d'exprimer une opinion fondée et d'écouter celle des autres
- de participer à un débat
- de travailler en coopération avec d'autres élèves

3.2.2.5 Matériaux

Extrait des „insolences du frère Untel" de Jean Paul Desbiens

Vidéo et chanson, „le joual" de Mononc'serge
http://mononc.com/chanson/le-joual/

Texte de M. Overmann et S. Lavanan, „le joual"

Formes sociales:

Travail individuel, à deux, en groupe et en plenum

Méthodes:

Lecture réciproque ; Ecoute et lecture sélectives

Possibilités de différenciation

- Lors de la lecture réciproque (1ère tâche), les apprenants peuvent librement choisir un thème d'analyse selon leurs intérêts et leur niveau.
- Lors de l'évaluation, les apprenants ont le choix entre deux sujets.

Evaluation/correction:

Note d´expression orale sur les différentes interventions en classe lors de la 1ère et 2ème tâche et note d´expression écrite sur le texte argumentatif rédigé lors de la dernière séance.

3.2.2.6 Les tâches – Vu d'ensemble **Première tâche**: Analyse en groupe du texte extrait des „insolences du frère Untel" de J.-P. Desbiens. Fiche de travail 1

Deuxième tâche: Analyse de la chanson „le joual" de Mononc'Serge et mise en perspective des deux matériaux (Texte et chanson), fiche de travail 2

Troisième tâche: Approfondissement thématique et linguistique, fiche 3 à la maison et rédaction en classe d'une petite argumentation pro-jouale sur le modèle de l'extrait des „insolences du frère Untel" de J.-P. Desbiens ou d'une petite dissertation reprenant tous les arguments évoqués.

3.2.3 Grilles pédagogiques

S = sensibilisation (Einstieg), APP = appropriation (Erarbeitung), C = consolidation

3.2.3.1 Première Séquence – Tâche 1

Phase	Durée	Contenu, matériel/ support	Objectifs	Modalités de travail (Tâche, rôle des apprenants et de l´enseignant)	Remarques
S	3 min	https://www.youtube.com/watch?v=srB47x2XWCM Ecoute d'une petite histoire en joual	Introduire le sujet et stimuler la curiosité Compréhension orale: Comment sonne le joual? mieux comprendre un dialecte éloigné du français standard qui est enseigné à l'école.	Visionnage de la vidéo Les apprenants cherchent à comprendre ce qu'ils entendent. L'enseignant observe les réactions.	S'assurer que le matériel vidéo fonctionne ! Les apprenants sont surpris et au mieux curieux
APP1	25 min	Fiche de travail 1 – Analyse Extrait des „insolences du frère Untel"	• lire et comprendre un texte à caractère pamphlétaire •Etre capable de relever et de résumer les arguments principaux d'un texte. • Etre capable de relever les caractéristiques stylistiques et la structure d'un texte. compétences interculturelles: • mieux comprendre le rôle du joual dans la société québécoise dans les années 60	Formation de groupe (4 élèves par groupe). Chaque apprenant est responsable d'un thème et note les résultats aux questions correspondantes. *(Reziprokes Lesen)* L'enseignant observe et vient éventuellement à l'aide des apprenants ayant des difficultés de compréhension.	Au niveau du contenu: Les apprenants sont en mesure de comprendre pourquoi un dialecte par certains aspects, peut être un frein au développement d'une société. liens entre identité et langue

Phase	Durée	Contenu, matériel/ support	Objectifs	Modalités de travail (Tâche, rôle des apprenants et de l´enseignant)	Remarques
C	7 min		S'assurer que le texte et ses enjeux ont été compris Les arguments et la structure du texte sont clairs pour tous les apprenants.	Les résultats du questionnaire (1) sont présentés par les apprenants en plenum. L'enseignant anime la correction. Les apprenants complètent leur fiche de travail.	Au niveau de la forme: la structure du texte et certaines expressions/figures de style ont été repérées.
APF	10 min		prendre position sur un texte et exprimer simplement son opinion. émettre des hypothèses.	Discussion autour des 2 dernières questions (2.) de la fiche 1. - prends position: Si tu étais québécois, pourrais-tu être d'accord avec l'auteur? - Analyse en quoi ce texte de 1960 est précurseur de la Charte de la langue française votée en 1977. L'enseignant anime la discussion. Les apprenants prennent la parole.	Les apprenants reconnaissent les prémisses de la charte de la langue française dans le texte qu'ils viennent de lire. Ils développent également une première opinion personnelle sur le sujet.

3.2.3.2 Deuxième séquence – tâche 2

Phase	Durée	Contenu , matériel/ support	Objectifs	Modalités de travail (Tâche, rôle des apprenants et de l´enseignant)	Remarques
S	3 min		Préparer et motiver les apprenants Activer le vocabulaire nécessaire à l'exercice suivant Activer les connaissances acquises lors de la séquence précédente	L'enseignant pose à l'ensemble de la classe la question suivante: „Quels adjectifs utiliseriez-vous pour décrire le joual?“ et écrit au tableau: Le joual, c'est. puis tous les adjectifs que les apprenants donnent.	Traditionnel, limité, primitif, incompréhensible, obsolète, dépassé, laid, moche, vilain, étonnant, déroutant, amusant?
APP1	37 min	Fiche de travail 2 + fiche lexique décrire une chanson	Expression orale et écrite: Être capable de décrire une chanson et les impressions qu'elle suscite Connaître un dialecte français d'Amérique du Nord, le joual, et être capable d'en distinguer les caractéristiques phonétiques, lexicales, syntaxiques: anglicismes, archaïsmes par ex. Être capable de mettre en perspective des arguments contradictoires	Les apprenants écoutent une première fois la chanson, sans la fiche de travail. Phase 1: Les apprenants travaillent d'abord seuls et à l'écrit, à l'aide de la fiche lexique – décrire une chanson -10 minutes Phase 2: ils échangent ensuite leurs impressions avec leurs voisins. L'enseignant reprend en plenum les impressions des apprenants, à l'oral. 7 minutes Phase 3: après avoir réécouté la chanson les apprenants remplissent le tableau en indiquant les caractéristiques du joual à l'oral. 5minutes Ensuite les apprenants reçoivent le texte et remplissent le tableau en indiquant les caractéristiques du joual à l'écrit. 5 minutes L'enseignant écrit les résultats au tableau. Enfin, les apprenants travaillent d'abord seul puis à deux sur la dernière partie de la fiche (questions + remplir tableau. 10 minutes	Effet de surprise Les apprenants reconnaissent les différents personnages et sont capables au-delà du côté provocateur de la chanson, d'en comprendre le sens. Ils sont également en mesure de comprendre en quoi ce dialecte aujourd'hui encore est revendiqué au Québec comme la „vraie“ langue, authentique, du Québec.

Phase	**Durée**	**Contenu , matériel/ support**	**Objectifs**	**Modalités de travail (Tâche, rôle des apprenants et de l´ensei-gnant)**	**Remarques**
C	5 min		S'assurer que les élèves connaissent le plus grand nombre d'arguments pour et contre le joual	Discussion en plenum animée par l'enseignant.	
APF HA	60 min	Fiche de travail n°3	Étendre ses connaissances sur le joual. Lire un texte long et complexe en ayant des connaissances préalables.	Devoirs à la maison: Les apprenants doivent lire le texte de manière autonome, répondre au QCM et compléter leur tableau pour ou contre le joual.	Le joual est le témoin des rapports de force entre Anglophones et Francophones au Québec, il transporte toute l'histoire des gens qui le parlent. C'est pourquoi il clive la société, partagée entre le besoin de revendiquer son identité propre et le besoin de se développer pour subsister.

3.2.3.3 Troisième séquence – tâche 3

Phase	Durée	Contenu, matériel/ support	Objectif	Modalités de travail (Tâche, rôle des apprenants et de l´enseignant)	Remarques
Consolidation de toute l'unité	45 min	Tout le matériel	Transfert de toutes les connaissances et compétences acquises pendant l'unité.	Correction rapide du QCM en plenum un des deux sujets au choix: Rédaction en temps limité d'une courte argumentation pro joual sur le modèle des „insolences du frère untel" - (pamphlet). Rédaction d'une synthèse des arguments pour et contre le joual et prise de position personnelle. Les apprenants ont l'autorisation de se servir de tout le matériel mis à leur disposition jusque-là.	Les apprenants formulent de manière réfléchie et structurée leurs conclusions sur la question de la relation entre la langue et l'identité.

3.2.4 Le joual: Fiches pour l'enseignant

Pour introduire le sujet: visionner (écouter) la vidéo suivante:

QCB 101. "Rural French, Québécois & Albertain, French Slang (Joual Québec, Alberta & Canada)" *youtube.de* 08.09.2014. https://www.youtube.com /watch?v=srB47x2XWCM. 27.05.2017.

Note:

Le texte est incompréhensible pour une personne qui ne parle pas le joual. Pourtant, l'on peut reconnaître des sonorités du français et de l'anglais.

Transparence sur le but de la séquence: mieux connaître le joual

Présenter la problématique de l'unité de cours: le joual, signe de l'appauvrissement de la langue française ou marqueur de l'identité québécoise?

3.2.4.1 Fiche de travail 1

Extrait des „insolences du frère Untel"

Consigne:

Analyse du texte.

Forme un groupe avec trois autres élèves. Chaque élève lit le texte une première fois. Chaque élève est responsable d'un thème.

Thème 1 – première lecture: l'élève 1 lit le texte à haute voix et souligne les mots/expressions qu'il ne comprend pas. Ensuite il essaie de trouver le sens de ces mots avec l'aide des autres membres du groupe. Il peut aussi chercher dans le dictionnaire.

Thème 2: Compréhension globale: l'élève 2 interroge les autres membres du groupe et note leurs réponses aux questions suivantes:

Qu'est-ce que le joual?

Le dialecte (parlé et écrit) des Canadiens francophones

Qu'est-ce qui caractérise le joual d'après l'auteur?

Le joual est un français appauvri, décomposé et déformé aussi bien dans la syntaxe que dans le vocabulaire et la prononciation

De quoi le joual est-il une manifestation?

Le joual est une manifestation de l'inexistence culturelle des canadiens francophones („notre inaptitude à nous affirmer, notre refus de l'avenir, notre obsession du passé")

Pourquoi, d'après l'auteur, le joual ne peut-il pas être une langue d'avenir?

Le joual est une langue de „primitifs", c'est à dire qu'elle n'est pas adaptée aux problèmes du présent, ni à de nombreux domaines de la vie (économie, culture). C'est la langue d'une minorité isolée qui s'en trouve limitée dans son développement.

Quelles solutions l'auteur propose-t-il?

Introduire le français standard dans les médias (radio, TV)

Thème 3 – le style du texte: L'élève 3 interroge les autres membres du groupe et note leurs réponses aux questions suivantes:

Quel est le style du texte? A quoi cela se remarque-t-il? Justifie ta réponse en donnant des exemples.

C'est un pamphlet.

Définition: „Le pamphlet, en prose ou en vers, est une <u>œuvre polémique et/ou satirique, brève, incisive, agressive</u> (…). Il est souvent éphémère en raison de son inscription dans l'actualité – Dictionnaire Larousse"

Citations: „le vice est profond", „décomposition", C'est une absence de langue", „une langue de primitifs", „s'il l'on veut accéder au dialogue humain, le joual ne suffit plus", „un problème de civilisation", usage des pronoms on et nous.

Relève les expressions/collocations/mots que tu pourrais réutiliser toi-même.

Thème 4 – la structure du texte. L'élève 4 interroge les autres membres du groupe et note leurs réponses aux questions suivantes:

Comment le texte est-il structuré? Résume en une phrase le contenu de chaque partie.

1. *Ce qui caractérise le joual (syntaxe, vocabulaire et prononciation pauvres)*
2. *Le joual est la manifestation de l'inexistence culturelle des Canadiens francophones*
3. *Pour accéder au développement et au progrès il faut parler le français standard*
4. *Pour que les gens parlent le français standard il faut que les médias parlent le français standard.*

Evaluation et réflexion sur le texte: prends position sur les questions suivantes:

- Si tu étais québécois, pourrais-tu être d'accord avec l'auteur? Pourquoi?

oui: Si une société ne parle qu'une langue minoritaire, elle s'isole. Problèmes économiques notamment.

non: le joual est une des facettes de l'identité québécoise.

- En quoi ce texte de 1960 est-il précurseur de la Charte de la langue française votée en 1977?

Charte de la langue française (dite „loi 101"):

- *Impose l'usage exclusif du français dans l'affichage public et la publicité commerciale;*
- *Étend les programmes de francisation à toutes les entreprises employant cinquante personnes ou plus;*
- *Restreint l'accès à l'école anglaise aux seuls enfants dont l'un des parents a reçu son enseignement primaire en anglais au Québec;*
- *Seule la version française des lois est officielle.*

3.2.4.2 Texte Fiche de travail 1

Texte extrait des „insolences du frère Untel" de Jean-Paul Desbiens (1960).

Les insolences du frère Untel (1960)

„Parler joual, c'est précisément dire joual au lieu de cheval. Nos élèves parlent joual, écrivent joual et ne veulent pas parler ni écrire autrement.

[...] Le vice est donc profond: il est au niveau de la syntaxe. Il est aussi au niveau de la prononciation...

[...] Le joual est une décomposition.

[...] Cette absence de langue qu'est le joual est un cas de notre inexistence, à nous, les Canadiens français [...]. Notre inaptitude à nous affirmer, notre refus de l'avenir, notre obsession du passé, tout cela se reflète dans le joual, qui est vraiment notre langue. Je signale en passant l'abondance, dans notre parler, des locutions négatives.

[...] La question est de savoir si on peut faire sa vie entre jouaux.

[...] Pour échanger entre primitifs, une langue de primitif suffit [...]. Mais si l'on veut accéder au dialogue humain. le joual ne suffit plus.

[...] On est amené ainsi au cœur du problème, qui est un problème de civilisation. Nos élèves parlent joual parce qu'ils pensent joual [...]. On ne réglera rien en agissant au niveau du langage lui-même (concours, campagnes de bon parler français, congres, etc.)

[...] C'est au niveau de la civilisation qu'il faut agir. Or la publicité commerciale est un fait de civilisation. C'est donc là qu'il faut frapper. Nous parlerons français aussitôt, mais pas avant, qu'il sera snob de parler français, et honteux de parler joual. Je veux dire que nous parlerons français quand la Radio et la TV parleront français, la TV surtout"

3.2.4.3 Fiche de travail 2

Poser à l'ensemble de la classe la question suivante: „Quels adjectifs utiliseriez-vous pour décrire le joual?" et écrire au tableau:

Le joual, c'est... puis tous les adjectifs que les apprenants donnent. Par ex.: *traditionnel, limité, primitif, incompréhensible, obsolète, dépassé, laid, moche, vilain, étonnant, déroutant.*

Compréhension de l'oral et de l'écrit:

1. Regarde la vidéo de la chanson (sans le texte).
2. Réponds seul/e et à l'écrit aux questions suivantes à l'aide de la fiche lexique – Décrire une chanson:
   - Quelles sont tes premières impressions?

     C'est drôle, ironique, comique ...
   - Quel est le genre de la vidéo? (utilise des adjectifs pour la décrire)

     Caricatural, comique ...
   - Quel est le genre de la chanson? (utilise des adjectifs pour la décrire)

     rock
   - Qui sont les différents personnages? Que représentent-ils?

Les français: Le membre de l'académie française et le catcheur avec sa baguette: le français standard

Les québécois: Le chanteur de chanson engagée (parodie de la chanson „la langue de chez nous"): les québécois qui défendent le français standard ; le catcheur obèse, les chanteurs de Metal: ceux qui défendent le joual.

3. Ensuite, discute de tes impressions avec ton voisin/ta voisine.
4. Regarde à nouveau la vidéo. Quels sont pour toi les caractéristiques du joual à l'oral? Concentre-toi notamment sur la prononciation. Une fois que tu as repéré au moins deux phénomènes remplis seul le tableau suivant.
5. Regarde le texte de la chanson. Elle est écrite en joual. Quels sont d'après toi les caractéristiques du joual à l'écrit?

Complète le tableau:

Caractéristiques du joual à l'oral	**Catégorie 1: Différence de prononciation**	**Catégorie 2: anglicismes**	**Catégorie 3: syntaxe**
Exemples issus du texte de la chanson	*„Toé": toi* *„moé": moi* *dise* *r roulé [r]* *diamant- quand* *d'in boutte à l'aut de la belle province*	*Fuck, tight* *Man, smoke*	*Tu connais-tu* *C't' un tabernak de bon coup d'coude*
Caractéristiques du joual à l'écrit	Catégorie 1: *identique*	Catégorie 2: *identique*	Catégorie 3: ***vocabulaire***
Exemples issus du texte de la chanson	*Siehe oben*	*Fucké dans tête* *plywood* *Jokes* *+ Siehe oben*	*Voir liste à la fin du texte de la chanson*

Evaluation et réflexion:

Réponds d'abord seul/e aux questions suivantes.

Ensuite échange en travaillant avec ton voisin/ta voisine aux questions suivantes:

- Explique le message de la chanson et de la vidéo.
- Que nous disent-elles sur l'image que les Québécois ont d'eux-mêmes et du joual?
- Que nous disent-elles des rapports des Québécois et des Français?
- Entre les Québécois? Et entre Canadiens?

Justifie tes réponses en citant la vidéo ou le texte de la chanson.

Les français sont présentés comme arrogants, condescendants, dominateurs et tournés vers le passé (académie française poussiéreuse, chapeau à la Napoléon, portrait de Pétain, vidéocassette). Les défenseurs de la langue française sont un peu ridicules et kitsch (le chanteur). Les québécois qui parlent joual sont „rock“, drôles, vulgaires, populaires, jeunes, insolents, fiers de leur culture et de leurs origines. Ils ne veulent pas s'identifier aux Canadiens anglophones („on n'est pas des blocks“).

Compare le texte extrait des „insolences du frère Untel“ avec la chanson. Quelles différences constates-tu?

Texte / Frère Untel: vision négative du joual: une langue pauvre, qui empêche de rentrer dans la modernité, qui témoigne de l'inexistence culturelle des québécois francophones face aux anglophones.

Chanson / Mononc'Serge: vision positive, marqueur de l'identité, dialecte jeune, cool et drôle, fierté.

Remplis le tableau ci-dessous. Formule les arguments „pour“ et „contre“ le joual.

POUR	CONTRE
- Charme du joual: vocabulaire, prononciation, syntaxe *- Langue d'une communauté, chargée d'histoire: Marqueur de l'identité* *- Bi- voir trilinguisme est une chance* *- Préserver les dialectes/ les variétés, résister à la prolifération du français standard.* *- permet aux francophones de se distancer de l'histoire coloniale du Québec.* *- une variété linguistique au plus proche de ceux qui la parle.*	*- Le joual est la langue d'une minorité et n'est parlé que par elle.* *- le joual est tellement pauvre que ce n'est presque plus une langue.* *- le joual est uniquement oral* *- Il est préférable de parler français standard pour préserver la présence de la minorité francophone face aux anglophones.* *- permet d'être en relation avec les autres sociétés francophones dans le monde et donc d'avoir une présence sur la scène internationale.* *- le joual n'est pas assez élaboré pour couvrir tous les domaines de la vie (économie).* *„cul de sac économique et social“*

3.2.5 Fiches pour les élèves

3.2.5.1 Fiche de travail 1

Extrait des „insolences du frère Untel“

Consigne:

Analyse du texte.

Forme un groupe avec trois autres élèves. Chaque élève lit le texte une première fois. Chaque élève est responsable d'un thème.

Thème 1 – première lecture: Lis le texte à haute voix et souligne les mots/expressions que tu ne comprends pas. Ensuite Essaye trouver le sens de ces mots avec l'aide des autres membres du groupe ou avec le dictionnaire.

Thème 2: Compréhension globale:

A Qu'est-ce que le joual?

B Qu'est-ce qui caractérise le joual d'après l'auteur?

C De quoi le joual est-il une manifestation?

D Pourquoi, d'après l'auteur, le joual ne peut-il pas être une langue d'avenir?

E Quelles solutions l'auteur propose-t-il?

Thème 3 – le style du texte: Interroge les autres membres du groupe et note leurs réponses aux questions suivantes:

A Quel est le style du texte? A quoi cela se remarque-t-il? Justifie ta réponse en donnant des exemples.

B Relève les expressions/colocations/mots que vous pourriez réutiliser vous-même.

Thème 4 – la structure du texte.

A Comment le texte est-il structuré? Résume en une phrase le contenu de chaque partie.

B Evaluation et réflexion sur le texte: prends position sur les questions suivantes:

- Si tu étais québécois, pourrais-tu être d'accord avec l'auteur? Pourquoi?
- En quoi ce texte de 1960 est-il précurseur de la Charte de la langue française votée en 1977?

3.2.5.2 Le Joual - Paroles: Serge Robert/ Musique: Pierre-Luc Laflamme ©2011 Serge Robert

Toé tu connais-tu le parler populaire
Qui s'élève des ruelles pis des caisses populaires
Ce n'est pas une langue châtiée
C'est la langue des shops pis des chantiers
Moé je parle comme je l'ai appris
J'parle comme mes voisins quand j'étais petit
C'est pas du français international
Moé c'que j'parle c'est le joual
C'est beau le joual – c'est s'a coche
C'est beau le joual – hostie qu'ça torche
C'est beau le joual – c'est malade mental
Fuck ceux-là qui disent qu'on parle mal
C'est beau le joual – accoté tight
C'est beau le joual – fucké dans tête
C'est beau le joual – tu l'as d'ins dents
Fuck ceux-là qui disent qu'on parle mal
Le joual, c't'un diamant en plywood
Gossé a'ec un couteau d'pêche
C't'un tabarnak de bon coup de coude
D'ins côtes d'la langue française
Le joual, c'est des sacres en masse
Avec des mots anglais juste à bonne place

Comme „Hey man, t'aurais-tu une smoke?"
Mais pas trop quand même, on n'est pas des blokes
C'est beau le joual – ça garroche
C'est beau le joual –ça clenche en masse
C'est beau le joual – ça fesse dans l'dash
Fuck ceux-là qui disent qu'on parle mal
C'est beau le joual – on va voir c'qu'on va voir
C'est beau le joual – si tu veux la guerre
C'est beau le joual – ben tu vas l'avoir
Fuck ceux-là qui disent qu'on parle mal
Le joual ça sonne carré
C'est rugueux comme du ciment
C'est comme une poignée d'gravier
Qu'on frotterait su' tes tympans
Le joual grafigne pis le joual grince
D'ins boutte à l'aut' de la belle province
Le joual varge, le joual écorche
Mais le joual avance et sa victoire est proche
C'est beau le joual – C'est-y pas crisse
C'est beau le joual – C'est dans l'prélart
C'est beau le joual – Attache ta tuque
C'est beau le joual – C'pas des jokes
C'est beau le joual – C'pas pour les frais chiés
C'est beau le joual – Ni pour les pète-sec
C'est beau le joual – C't'à nous autres au Québec
Fuck ceux-là qui disent qu'on parle mal
Fuck toé, fuck toé Fuck vous autres qui disez qu'on parle mal

Vocabulaire:

Caisse populaire: La Caisse populaire est une coopérative qui regroupe généralement des citoyens d'un même secteur géographique, d'une même localité, d'un même quartier. (Cf. http://fr.wikipedia.org/wiki/Caisses_Desjardins)
C'est s'a coche !: C'est cool !
Ca torche !: C'est super cool !
Hostie !: Interjection, juron
Tight: cool
Fucké dans tête: se dit d'une personne bizarre (mentally fucked-up)
Le Plywood: das Sperrholz
D'ins: dans
Gosser: tailler
Bloke: anglophone
Garrocher: envoyer d'un coup sec et sans précaution
Clancher: dépasser, surpasser
Fesser dans l'dash: ce dit d'une chose qui surprend, qui étonne.
Grafiner: écorcher
Varger: frapper à grand coup sur quelqu'un ou quelque chose
Crisse: Interjection, juron
Attacher sa tuque: se préparer au meilleur
Frais-chié: prétentieux, „m'as-tu-vu"
Un sacre: un juron

3.2.5.3 Fiche lexique - Décrire une chanson

le sujet/ le thème	Cette chanson parle de (d'..., des)... Le sujet principal de cette chanson, c´est	
la forme	La chanson se divise en se compose de comprend Chaque couplet se compose de Au commencement de chaque couplet A la fin de	... couplets ... strophes ... vers … il y a un refrain
la langue (le style)	Le vocabulaire est Les phrases sont L'auteur	riche, pauvre, courant, parlé, poétique, recherché, simple, pittoresque, vulgaire, poétique compliquées, simples, claires, difficiles, faciles à comprendre emploie des expressions imagées fait des comparaisons, répétitions
la musique et le ton de la chanson	La musique est Le rythme est	gaie - triste, entraînante, monotone, rapide - lente, sentimentale, mélancolique, douce, joyeuse, optimiste, agressive, pessimiste, violente, vivante, harmonieuse, protestataire, violente, dynamique, touchante, romantique, dissonante … ;tranquille, entraînant, ralenti, accéléré, saccadé, lent, vif, varié, équilibré, régulier, irrégulier …

	La musique est en harmonie avec les paroles. Elle domine les paroles. Elle souligne les paroles. Elle joue un rôle secondaire	
la voix est	grave, sonore, criarde, sourde, perçante, criarde, claire, limpide, nette, douce, cassée, agréable, antipathique, forte, désagréable, vibrante, sympathique, aiguë, rauque, jeune, sensuelle, étouffée, caverneuse, profonde, chaude, basse, virile, tendre, caverneuse, stridente, grave, profonde, puissante, bien timbrée, claironnante, métallique, agressive … Cette voix me fait penser à celle de...	
l'intention (le but) de l'auteur-compositeur-interprète	Il veut exprimer présenter critiquer provoquer	un comportement un sentiment ses idées sur une situation des émotions
les instruments qui accompagnent le chanteur / la chanteuse	la batterie, la guitare, le banjo, la contrebasse, le violon, le synthé, l'accordéon (m), le piano, l'orgue (f), le saxophone, la clarinette, la flûte …	

D'après Manfred Overmann, „La chanson française: Paroles de Clips (TV5)“ *Neusprachliche Mitteilungen* 1(2002): 31-36.

3.2.5.4 Fiche de travail 2

Compréhension de l'oral et de l'écrit:

A Regarde la vidéo de la chanson (sans le texte).

B Réponds seul/e et à l'écrit aux questions suivantes à l'aide de la fiche lexique – Décrire une chanson:

- Quelles sont tes premières impressions?
- Quel est le genre de la vidéo? (utilise des adjectifs pour la décrire)
- Quel est le genre de la chanson? (utilise des adjectifs pour la décrire)
- Qui sont les différents personnages? Que représentent-ils?

C Ensuite, discute de tes impressions avec ton voisin/ta voisine.

- Regarde à nouveau la vidéo. Quels sont pour toi les caractéristiques du joual à l'oral? Concentre-toi notamment sur la prononciation. Une fois que tu as repéré au moins deux phénomènes remplis seul le tableau suivant.
- Regarde le texte de la chanson. Elle est écrite en joual. Quels sont d'après toi les caractéristiques du joual à l'écrit?

Complète le tableau:

Caractéristiques du joual à l'oral	**Catégorie 1: Différence de prononciation**	**Catégorie 2: anglicismes**	**Catégorie 3: syntaxe**
Exemples issus du texte de la chanson			
Caractéristiques du joual à l'écrit			
Exemples issus du texte de la chanson			

Evaluation et réflexion:

A Réponds d'abord seul/e aux questions suivantes.

B Ensuite échange en travaillant avec ton voisin/ta voisine aux questions suivantes:

- Explique le message de la chanson et de la vidéo.
- Que nous disent-elles sur l'image que les Québécois ont d'eux-mêmes et du joual?
- Que nous disent-elles des rapports des Québécois et des Français?
- Entre les Québécois? Et entre Canadiens?

Justifie tes réponses en citant la vidéo ou le texte de la chanson.

C Compare le texte extrait des „insolences du frère Untel" avec la chanson. Quelles différences constates-tu?

D Remplis le tableau ci-dessous. Formule les arguments „pour“ et „contre“ le joual.

POUR	CONTRE

3.2.5.5 Fiche de travail 3, le joual– approfondissement

Devoirs à la maison

Consigne: lis le texte ci-dessous (écrit par Manfred Overmann et Sonia Lavanan) et réponds au QCM. Ensuite, complète ton tableau pour/contre le joual.

Le joual est un „parler populaire“ né de la rencontre entre le français rural et l'anglais industriel et commercial à la fin du vingtième siècle. Les populations arrivant des campagnes pour chercher un emploi devaient en effet trouver un moyen de communication pour s'intégrer. Véritable compromis entre deux langues, le joual se propage très vite jusqu'aux années 60 pendant lesquelles de nombreuses réformes seront adoptées. Le joual reste chez les intellectuels un moyen d'affirmation nationale jusqu'à la fin des années 70 puis perd sa dimension polémique.

****

Le beau parler des citadins de la capitale et les parlers populaires des paroisses rurales ont toujours creusé un clivage linguistique en jetant le discrédit sur les groupes ruraux, notamment les paysans, éloignés de la dite capitale. Au début du 20ème siècle le surplus de la main d'œuvre rurale afflue vers les grandes villes afin de trouver un travail dans les industries dirigées en majeure partie par les dirigeants anglo-saxons.
C'est dans ce milieu que la rencontre entre le français rural et l'anglais industriel et commercial donne naissance à „un parler populaire“ qu'on appellera le joual à base syntaxique et lexicale tout à fait française mais auquel s'adjoindront pour les besoins d'une communication entre patrons et ouvriers, un lexique, des expressions et des tournures anglaises. (Tétu de Labsade, Françoise: *Le Québec: un pays, une culture*, 1990, Montréal, Boréal, p.95).
Effectivement le joual est souvent considéré comme un sociolecte abâtardi de la classe ouvrière québécoise dont résulte un cul-de-sac économique et social: un patois mineur qui avilit ses locuteurs face aux voisins anglophones et les marginalise dans le monde francophone.
Toutefois le joual se trouve réduit à un usage exclusivement oral dû à l'isolement de la couche rurale des Canadiens francophones transplantés dans le contexte de la ville, surtout de Montréal. Comment nommer et s'approprier alors des objets inconnus et des comportements nouveaux et se familiariser avec l'univers de l'industrialisation? Le joual peut avant tout être considéré comme un parler oral anglicisé où le vocabulaire français est de plus en plus substitué par l'anglais. Il servit d'abord à la communication sur le lieu de travail.
Cet enlisement dans «un marécage du langage» technique de la bourgeoisie est un défi terrible pour les ruraux arrivant en ville. «Mais ici, ce fut pis encore: les choses de l'industrie et de la ville avaient été nommées dans une langue doublement étrangère. Tout ce qui n'était pas rural, la machine, les grands ensembles, les centres de décisions se révélaient en anglais. La

modernité était anglaise. Le français rural s'y est perdu en vains efforts. Il a pu servir encore à exprimer le cercle des souvenirs, des amours, de loisirs, de la colère et de la résignation... Le joual, je parie que ce fut d'abord le compromis entre l'héritage du vieux langage et l'étrangeté des choses nouvelles.» (Fernand Dumont, Revue Maintenant, 1973)

L'école publique, débordée par une énorme population à scolariser, ne peut freiner la propagation du joual jusqu'à la révolution tranquille dans les années 1960 lorsque le frère Untel (pseudonyme de Jean-Paul Desbiens) lance un cri d'alarme dans ses „Insolences" où il déplore la qualité de la langue parlée et écrite au Québec et attire ainsi l'attention sur le déficit du système d'enseignement dont le gouvernement Lesage fait une priorité dans ses réformes. Paul Gérin-Lajoie, premier titulaire du ministère de l'Éducation du Québec, fait d'ailleurs remarquer que l'essai „enterrait le département de l'Instruction publique contrôlé par le clergé et remettait en cause tout le système scolaire de l'époque."

En même temps, les écrivains et les intellectuels québécois se posent la question de leur identité culturelle et défendent le joual écrit pour manifester leur appartenance au „pays d'ici". Après bien des décennies de honte pendant lesquelles la majorité de la population des classes ouvrières et d'agriculteurs avait le sentiment que leur langue n'avait pas le droit de s'afficher en public, le joual fait figure de symbole d'affirmation nationale par l'entremise des pièces de théâtre et des romans de Michel Tremblay (*Les belles-soeurs*), des chansons de Robert Charlebois, la chanson Fu-Man-Chu par exemple, des monologues de l'humoriste Yvon Deschamps ou encore des ouvrages de Gérald Godin, Gérard Bessette ou André Major. „Jacques Renaud faisait parler ses personnages en joual, mais écrivait le corps de son récit en français. Cela n'est pas assez pour Jasmin qui non seulement laisse joualiser ses héros, ce qui est défendable, mais écrit tout son récit en joual" (Jasmin Claude: Jasmin par Jasmin, p.170, dans *Richesses et particularités de la langue écrite au Québec,* Montréal, 1981, p.1407).

En opposant le joual au français, on veut se détacher, se démarquer par rapport à l'ancien colonisateur et promulguer l'idée d'un Québec autonome et souverain. Ce mouvement connaît son apogée au moment des évènements d'octobre 1970 avec le mouvement autonomiste et les actes terroristes. Cependant la mode du joual écrit ne perdure qu'une dizaine d'années. Depuis la loi 101 en 1977, le français a acquis le statut de la langue officielle du Québec et le joual ne peut être considéré comme une alternative à l'utilisation de la langue française. Néanmoins il reste très présent en tant qu'expression populaire dans certains milieux et a perdu sa dimension polémique et essentiellement négative:

„Le joual est une sous-langue: il est, par nature, confusion, appauvrissement, privation désagrégation. Le joual, c'est le français parlé par un groupe linguistique dont la langue maternelle est gravement ébranlée par la proximité et la pression d'une langue étrangère, l'anglais. (...) Le joual, c'est le français ébranlé non seulement dans son articulation et son vocabulaire mais aussi, mais surtout dans sa syntaxe." (Chamberland, P, 1967, *Les Lettres nouvelles*, dans: Holler, R, 1967, *Canada*, Paris: Edition du Seuil, p. 183 - Cf. aussi Le Trésor de la Langue Française informatisé: http://atilf.atilf.fr/)

Vocabulaire:

défi: un challenge.	débordé: être dépassé par quelque chose que l'on ne peut plus contrôler.
abâtardi: dégénéré	enlisement: englouement.
affluer: augmenter, abonder, arriver en masse.	freiner: diminuer, ralentir.
apogée: le paroxysme. ant.= son plus bas niveau.	héritage: legs. Ce que quelqu'un laisse à son héritier dans son testament.
approprier (s'): usurper la propriété de quelque chose.	jeter le discrédit: nuire à quelqu'un ou quelque chose, décrier.
avilir: dévaluer, humilier, dégrader.	locuteur: l'émetteur, le parlant. ant. = l'auditeur.
citadin: ant.= campagnard, rural, villageois, paysan.	main-d'oeuvre: l'ensemble des ouvriers de tel ou tel métier.
creuser un clivage: agrandir la différence.	marécage: marais; Étendue de terre saturée d'eau pendant la plus grande partie de l'année.
CUL DE SAC: une impasse.	marginaliser: mettre à l'écart.
détacher (se): prendre de la distance par rapport à quelque chose ou à quelqu'un.	parier: jouer, miser.
éloigné: retiré. ant = avoisinant.	

Quelle est ou quelles sont les bonnes réponses? (QCM)

1. Par qui la majorité des industries étaient elles dirigées?

A les anglo-saxons

B les français

C es canadiens

2. Le joual est un „parler populaire" issu du mélange de:

A la langue amérindienne et le français

B l'anglais et la langue amérindienne

C l'anglais et du français

3. La „révolution tranquille" a eu pour conséquence:

A une propagation du joual

B la déclaration du français comme langue officielle

C la mise en place de réformes concernant le système scolaire

4. Le joual est considéré par les intellectuels:

A comme un frein à la construction d'une nation moderne

B comme un facteur d'affirmation identitaire

C comme un dialecte mineur

5. Le mouvement en faveur du joual connut son paroxysme:

A avec la Révolution tranquille dans les années 60

B avec les moments d'octobre 1970

C avec la loi 101 en 1977

6. La loi 101 a permis:

A de faire du français la langue officielle

B de faire du joual, la seconde langue parlée au Québec

C de faire de l'anglais la langue officielle

Solutions: 1. A, 2. C, 3. B, 4. B, 5. B, 6.A

3.2.6 La bibliographie

ATILF - CNRS & Université de Lorraine. *TLFi: Trésor de la langue Française informatisé.* http://atilf.atilf.fr. 28.05.2017.

Desbiens, Jean-Paul. *Les insolences du frère Untel.* Les Éditions de l'Homme. Montréal, 1960. Imprimé avec l'autorisation de la maison d'èdition. ©1998, 2000, Les Editions de l'Homme, division du groupe Sogides inc., filiale de Québécor Inc. Montréal, Québec, Canada.

Mononc' Serge. „Le joual" Ça, C'est d'la femme ! By Robert, Serge. Musique: Pierre-Luc Laflamme. 2007. Imprimé avec l'autorisation de Serge Robert.

Overmann, Manfred. „La chanson française: Paroles de Clips (TV5)" *Neusprachliche Mitteilungen* 1(2002): 31-36.

Overmann, Manfred und Lavanan, Sonia. „Le joual." *www.cours québec.info.* 2007. https://www.ph-ludwigsburg.de/2334+M540a6a86e87.html 28.05.2017. Imprimé avec lautorisation de M. Overmann.

QCB 101. "Rural french, Québécois & Albertain, French Slang (Joual Québec, Alberta & Canada)." *youtube.de* 08.09.2014. https://www.youtube.com/watch?v=srB47x2XWCM. 27.05.2017.